循证视域下
技术有效应用于教与学的理论与实践研究

程薇 著

河海大学出版社
HOHAI UNIVERSITY PRESS
·南京·

图书在版编目(CIP)数据

循证视域下技术有效应用于教与学的理论与实践研究 / 程薇著. -- 南京 : 河海大学出版社, 2024.12
ISBN 978-7-5630-9512-4

Ⅰ. G40

中国国家版本馆 CIP 数据核字第 2025NU1404 号

书　　名	循证视域下技术有效应用于教与学的理论与实践研究
书　　号	ISBN 978-7-5630-9512-4
责任编辑	杜文渊
文字编辑	孙梦凡
特约校对	李　浪　杜彩平
装帧设计	徐娟娟
出版发行	河海大学出版社
地　　址	南京市西康路 1 号(邮编:210098)
电　　话	(025)83737852(总编室)　(025)83722833(营销部)
经　　销	江苏省新华发行集团有限公司
排　　版	南京布克文化发展有限公司
印　　刷	广东虎彩云印刷有限公司
开　　本	718 毫米×1000 毫米　1/16
印　　张	13
字　　数	245 千字
版　　次	2024 年 12 月第 1 版
印　　次	2024 年 12 月第 1 次印刷
定　　价	68.00 元

前言

技术影响学习之争贯穿于整个教育技术的发展，从“爱迪生预言”到“乔布斯之问”，争论从未停止。新兴技术给教育教学带来的挑战，迫使人们不得不开始总结和反思过去研究的经验和教训。本书通过回溯媒体与学习关系之争的主要观点、证据来源和局限性，形成关于技术与学习关系的基本价值判断：使用技术会影响学习。一般而言，若技术在教学中没有产生预期效果，研究者们会将失败归咎于教学实践的相关因素。然而，借鉴关于证据等级的规定发现，这种断言有失偏颇。从教育研究到教育实践，关于“研究整合”的证据并未得到充分的重视。事实上，作为证据等级最高的“元分析”，其提出已有四十余年的历史了。在过去四十年里，教育技术学领域产生了大量的元分析。这些元分析为技术有效应用于教与学提供了哪些证据？这是本书关注的核心问题。

本书第一章主要阐述了研究的背景和意义，对所涉及的基本概念进行了界定，同时梳理了整个研究的思路，以帮助读者对本研究有一个整体的概念；第二章主要回溯了学习与媒体关系的争论，探讨了技术影响学习的三大研究取向，确定了整个研究的基本价值判断和方法学层面的考量，详细地阐述了元分析和再分析的方法，特别对教育技术研究领域已有的再分析研究进行了综述；第三章详细阐述了整个研究的过程和方法；第四章阐述了技术在教育中的发展脉络，同时，利用 111 项元分析原始研究的元数据展示技术在教育中所扮演角色的演变；第五章主要以效应量为指标衡量了不同阶段技术对学习影响的大小，以此来探讨技术促进学习的有效性；第六章主要以调节变量为指标来探讨技术有效应用于教学中的原则和策略。

首先，感谢我的博士指导教师黄荣怀教授。他时刻提醒我们作为一名教育科学研究者，要有改善中国教育技术发展现状的情怀，这也是促成本书出版的动力之一。其次，感谢南京邮电大学教育科学与技术学院的领导和同事们，是他们鼓励和支持我将博士论文修改出版。再次，感谢这个温暖的大家庭的每一个成员对我的指导、关心和帮助。最后，感谢杜文渊编辑，是他的支持和帮助使得这本书得以编辑出版。

本书是在作者的博士论文基础上修改而成，力求从循证的视角来探讨技术有效应用于教学的理论与实践。本书由南京邮电大学引进人才科研启动基金项目“循证视域下技术支持学习的有效性研究”（项目编号：NYY219003）资助。欢迎对本领域感兴趣的同仁一起交流分享指正。

目录

第一章

绪论

技术影响学习之争贯穿于整个教育技术的发展,从"爱迪生预言"到"乔布斯之问",争论从未停止。新兴技术给教育教学带来的挑战,迫使研究者不得不开始总结和反思过去研究的经验和教训。然而,由于教育研究不像自然科学研究那样可以在严格控制的情境下进行实验,其同一主题下的研究结果往往并不一致。作为定量的系统化文献综述,元分析方法可有效解决已有研究结果不一致的问题。本部分主要提出本研究关注的问题域,阐述研究目的及意义,并界定本研究所涉及的核心概念。

1.1 问题提出

1.1.1 技术变革教育的研究贯穿教育技术发展的始终

教育技术学领域普遍将美国视听教学协会"1963 定义"的提出作为教育技术学诞生的标志(刘美凤, 2003)。在过去的半个多世纪里,技术在教育中的应用经历了重大的发展和变化(黄荣怀等, 2006; Spector and Ren, 2015),主要表现为视听技术、多媒体计算机技术、网络与通信技术、模拟仿真技术、人工智能技术以及云计算技术等在教育中相继地应用、发展和普及。然而,对"技术的使用对教与学有怎样的影响"这一问题的探究也始终贯穿着整个教育技术发展的历史,是教育技术研究者们关注的重点课题。早在视觉教学时代,研究者们就使用媒体效能比较的方法来研究多种视觉教学工具的使用对学习的影响(Saettler, 1990)。20 世纪 70 年代,随着认知心理学的兴起,心理学界开始关注个体差异与教学处理方法之间的相互作用。受认知心理学的影响,教育技术学领域开始突破单纯"媒体效能比较研究(Media Comparison Studies)",向"能倾处理交互(Aptitude-Treatment Interactions)"转变(严莉、郑旭东, 2009)。教育技术学舞台上开始了"学媒论战"。"学习派"代表人物 Clark 将"媒体之于学习"比作"运输食物的卡车之于食物的营养",认为媒体仅仅是传递教学内容的工具,不会对学习产生任何影响,学习之间的差异主要来源于教学内容和教学方法的不同(Clark, 1983)。而"媒体派"代表人物 Kozma 则提倡媒体与教学方法共同作用于学习,认为媒体会影响学习(Kozma,1991)。时至今日,关于技术对教育的影响仍然是当前教育技术学领域研究的热点问题(顾小清等, 2016; 李芒等, 2017; 杨浩等, 2015),甚至如何回答这一问题也是教育技术学领域研究者关注的问题(李芒等, 2017)。造成这一结果的主要缘由是新兴技术在教育中的不断应用。一直以来,一旦出现一种可用于教育的新技术,教育工作者就会"蜂拥而至”，近乎“疯狂”地热捧这一技术，并断言这一技术会解决当下教育中的“所有问题”，这一现象使得新媒体新技术的使用对教育教学影响的研究需要持续开展。

1.1.2 争论从未停止：从“爱迪生预言”到“乔布斯之问”

来自教育实践领域的“意见领袖”们往往对技术应用于教育寄予很高的期望，甚至表达出“技术替代教师”“技术变革学校系统”等观点。例如，早在1913年，托马斯·爱迪生(Thomas Edison)就曾断言，“在学校里，教科书将很快过时。不久，学生将通过视听来接受教学。……十年以后，我们的学校系统将彻底改观”(转引自尹俊华等，2002；Saettler，1990)。一百多年过去了，爱迪生的“预言”始终没有实现。然而，像爱迪生这样的“预言”却层出不穷。1945年，美国俄亥俄州空中学校的William Levenson曾写道：“在教室里，便携式收音机像黑板一样普遍的时代终会来临。广播教学将会作为一种可接受的教学媒体融入学校生活中。”(Cuban，1986)1982年，Logo编程语言的创造者Seymour Papert也曾预言，“未来学校将不复存在……计算机将‘摧毁’学校……现有的学校系统与计算机的存在是不相容的……”(Cuban，1986)。持“技术替代教师”或“技术变革学校系统”这一类观点的人对技术应用于教育的期望很高，他们将技术视为教育创新的“利器”。然而，他们对技术影响教育这一结论的判断主要来源于主观臆断，缺乏基本的科学依据，但由于他们是教育实践领域的“意见领袖”，在一定程度上推动了技术在教育中的发展。

20世纪末，由于大众媒体特别是电视机的普及，以及互联网的快速发展，人们开始认为，大众媒体中充斥着“媒体暴力”，会对儿童的身心发展造成负面的影响；互联网会使得儿童沉迷于虚拟世界，甚至影响儿童的正常生活和学业。因此，持这一观点的人认为，技术会对儿童的发展造成负面的影响。令人欣慰的是，“媒体暴力”和“网络成瘾”的社会问题随着时间而消退，儿童对这类事物的新奇感也随着时间逐渐淡化。进入21世纪以来，由于信息技术的发展和普及，技术应用于教育已经成为各国发展和实施教育创新改革和创新人才培养的重要举措，各国政府陆续开始制定相关的教育技术发展规划和政策，对技术在教育中的作用期望很高。然而，就像“乔布斯之问”所要表达的那样，几乎没有人怀疑技术已经对人类生活的方方面面产生了巨大的影响，但是对教育领域的影响仍然很小。从“爱迪生预言”到“乔布斯之问”，关于技术对教育的影响还未形成统一的结论。面对过去半个多世纪的发展以及当下新兴技术在教育中日新月异的应用，研究者仍需要继续开展关于技术对教育影响的研究。

1.1.3 新兴技术给教育教学带来挑战

近年来，新兴技术在教育领域中的应用不断涌现，技术应用于教育中的形态日新月异，如大规模开放式在线课程（Massive Open Online Course，简称MOOC）、翻转课堂、增强现实、虚拟现实、机器人教育等。不论学校、教师、家长和学生是否接受，新兴技术正在以前所未有的速度被引入教育实践领域。这些技术在为教育教学提供更为丰富和个性化的技术环境支持的同时，也给教育教学工作带来了巨大的挑战。

对于一线教师来说，新兴技术给教育教学带来挑战，不仅仅因为他们需要花时间去学习如何操作这些"新"技术，更为重要的是，他们需要付出更多时间和精力去学习如何把这些技术应用到教与学活动中（程薇等，2015）。因此，为教师提供专业发展相关的培训是非常必要的。而对于组织和实施教师专业发展相关培训的高等学校教育学院和其他科研院所来说，他们有权决定如何开展师范生培养和教师培训的内容。因此，对于教师专业发展培训的设计者和培训者来说，设计出行之有效的教师专业发展课程已成为重中之重。然而，如何设计有效的教师专业发展课程是摆在每一位设计者和培训者面前的难题。

面对过去半个多世纪的教育科学研究成果，教育技术学研究者或者教师专业发展培训项目设计者需要系统了解过去研究能够为新兴技术在教育中的应用提供怎样的经验和教训，这已经成为许多研究者的共识（巴格利，2017；Hattie，2009），否则，无异于"在沙滩上建城堡"，甚至产生更为严重的后果（巴格利，2017）。教育技术学研究者需要关注已有研究的成果，吸取过去的经验和教训，才能更好地应对新兴技术给教育教学带来的挑战。

1.1.4 元分析在教育技术研究领域的兴起与发展

由于社会科学研究不像自然科学研究那样可以在严格控制的情境下进行实验，所以其往往会导致同一主题研究的研究结果不一致。此外，研究者们开始逐渐意识到，没有任何一项独立的研究可以全面地回答干预措施对因变量的影响，研究者需要对已有的研究进行综合。最初的方法包括叙述性文献综述（Narrative Review）和"唱票法"（Voting Method）（应立志、钟燕宜，2000）。但是这些方法或在选择文献时缺乏客观性，或在综合研究结果时难以给出针对所有研究的一般性结论，因此其研究结果的信度和效度不高，很难具有推广性。Glass（1976）提出的元分析是一种定量的系统化文献综述，可以系统化整合已有研究结果,并给出针对所有研究的一般性结论。元分析这一方法一经提出,很快在医学和心理学等研究领域得以应用,并产生了广泛影响(Borenstein, Hedges, Higgins, and Rothstein, 2009; Ioannidis, 2016)。随着元分析研究技术的不断成熟,研究范式的不断规范,元分析已成为最常用的整合已有研究结果的方法,并被认为是最好的方法之一。在教育研究领域,元分析方法同样得到了认可和推广。自 2001 年美国颁布《不让一个孩子掉队》法案以来,教育研究领域的实验研究呈现"井喷式"发展(转引自哈蒂, 2015);美国国家研究理事会(2002)继而开始提倡在教育研究领域使用元分析以积累科学知识。

教育技术学研究范式一直深受心理学研究范式的影响,因此,自 Glass (1976)提出元分析后,从事教育技术学研究的研究者们也开始使用元分析整合视听教学、程序教学以及计算机辅助教学对学习的影响。Clark 关于"学媒无关"观点的论据主要来自对教育技术学领域已有元分析的分析。在元分析提出四十年后的今天,越来越多的研究者和期刊编辑开始倡导开展元分析。国际知名教育技术学期刊《教育技术研究与发展》(*Educational Technology Research and Development*,简称 ETR & D)的主编们曾撰写评论倡议教育技术领域的研究者们开展元分析研究,以更好地进行教育技术学领域知识的积累(Spector, Johnson, and Young, 2014)。

近年来,元分析的数量正在以成倍的速度增长,教育研究领域的元分析也不例外。一般来说,元分析往往研究某一种或某几种教学干预措施对某一类或某几类学习者学习结果的影响;然而,现有的一项或几项元分析仍然难以帮助研究者回答过去半个多世纪中技术的发展和使用对学习的影响。早在 20 世纪 80 年代,研究者们就开始尝试对某一种或某几种教学干预措施的元分析进行"再分析"(Kulik and Kulik, 1989),即对元分析进行综合,以从更为全面综合的视域来研究。不论是在医学领域还是在教育领域,已经形成了较为规范的开展"再分析"的研究方法标准和研究报告撰写规范(Becker and Oxman, 2008; Polanin 等, 2017)。

总体而言,技术对学习的影响贯穿于教育技术发展的始终,然而,从"爱迪生预言"到"乔布斯之问",技术对学习的影响仍无定论。因此,首先需要回答的问题是:技术的使用是否影响学习?如果是,技术在多大程度上影响了学习者的学习。伴随着新兴技术给教育教学带来的挑战,如何以恰当的方式将技术应用于教学中?这一系列问题是本研究的出发点和问题域。

1.2 研究目的及研究意义

1.2.1 研究目的

对于当下和未来的学习者而言,技术不再是一种“特权”,而是已经成为学习者学习和生活的一部分。当下研究的焦点已经由关注“是否在教与学中使用技术”迁移到“技术应用于教学中”,继而是研究这些技术如何以最佳的方式应用于特定教育情境中。本研究旨在通过整合不同类型技术影响学习的元分析,评估技术对学习影响的一般结论,以及不同技术应用教学中对学习者学习的影响,绘制教育技术使用效果的“晴雨表”,同时,整合不同技术应用于教与学中的最佳技术特征和教学策略,构建技术促进学习的“知识库”。

1. 衡量技术对学业表现的影响,绘制教育技术使用效果的“晴雨表”

自视听教学运动以来,技术在教育中的应用从最初的视听教学和程序教学,到计算机辅助教学、智能导学系统,再到当下的电子教材、MOOC、虚拟现实技术等。在过去的半个多世纪里,技术在教与学中的应用产生了很多形态。本研究的目的在于衡量过去半个世纪中不同形态的教育技术对教育教学效果的影响。而对教育教学效果的评估主要来源于学生学业表现,因此,本研究主要衡量不同技术对学业表现的影响。

元分析以“效应量”(Effect Size)为关键统计指标,对同一研究问题已有的大量研究成果进行综合分析与评价,从而得出这类研究成果所反映的普遍性结论。本研究采用“效应量”(Effect Size)为衡量指标来表示不同技术对学业表现影响的程度,并进一步绘制教育技术使用效果的“晴雨表”(Barometer)(Hattie, 2009)。

2. 整合技术应用于教学的最佳证据,构建技术促进学习的“知识库”

对于不同形态的教育技术来说,本研究首先假设其对学业表现的影响是不同的,而造成对学业表现影响不同的因素有很多,例如,年级、学科、技术特征、教学策略等。元分析可以在合成效应量和异质性分析的基础上,使用调节变量分析研究哪些特征是可用的。本研究针对不同类型技术在教育中的应用,利用元分析研究报告中的调节变量分析等研究结果,深入挖掘不同类型技术有效应用于教学中的关键特征、教学策略和指导原则等,从而构建技术有效促进学习的“知识库”。

1.2.2 研究意义

1. 理论意义

1）系统化构建技术有效支持学习的理论

元分析研究最基本的标准就是计算和报告实验干预的效应强度或者两个变量之间的关联强度的统计量——效应量，这使得元分析把同一主题的、使用不同研究工具、不同样本的不同研究结果以“统一尺度”进行量化、比较和分析。Hattie(2009)整合800余项元分析研究结果，得出影响学业成就主要因素的“仪表盘”，并在此基础上，“冶炼”出有效教学的策略和方法。

简而言之，本研究试图通过对教育技术学领域元分析研究的分析，构建教育技术使用“效能”的“仪表盘”，初步探索教育技术学的有效理论与指导原则，形成“可见的”教育技术理论。

2）丰富教育技术知识，发展教育技术学的理论体系和研究范式

元分析方法虽被认为是一个“费时、冗长的学术研究过程”(H. Cooper, Hedges, and Valentine, 2009)，但也是最常用的整合已有研究成果的方法，是知识积累的有效研究工具。传统的独立研究往往会给人一种“只见树木，不见森林”的缺憾，而元分析则会给研究者带来一种“蓦然回首”的感怀。对教育技术学领域元分析研究的整合，有助于完善教育技术学的理论体系，发展教育技术学的研究范式。在国内教育技术研究领域，甚至教育研究领域，元分析并没有得到应有的重视。

简而言之，本研究既有助于系统化了解教育技术发展，也有助于本领域研究者认识到元分析对于学科发展的价值和意义，从某种程度上弥补了我国教育技术学在实证研究方面的不足，加快了我国教育技术学研究在基于证据研究方面的发展。

2. 实践意义

1）改善教育技术领域实证研究指导教学实践的现状

如果不了解计算机辅助教学已经取得的成就，教师和研究者们恐怕对设计新的教学程序没有信心(J. A. Kulik, C.-L. C. Kulik, and Bangert-Drowns, 1985)。把“计算机辅助教学”换成“教育技术”，其所表达的涵义同样成立。教育技术在过去半个世纪经历了快速发展，我们需要清晰、系统地了解教育技术学领域已经取得的研究成果。只有这样，我们才能更好地设计和开发新兴技术在教育领域的应用方式和方法，而不仅仅是凭借经验或依靠习惯做法。

简而言之，对已有教育技术学领域元分析的分析，可以帮助本学科建立指导

教学实践的原则和策略，切实提高教育技术在教育实践应用中的有效性。

2）为教育政策制定提供更为全面系统的决策证据

自20世纪末以来，各国陆续制定了关于技术在教育中发展的政策和法规。自1995年，美国教育技术办公室每隔四或六年会发布一版新的教育技术计划，其于2017年1月发布了最新版即第五版的"教育技术发展规划"《为未来做准备的学习：重塑技术在教育中的角色》。我国政府也相继颁布了《国家中长期教育改革和发展规划纲要（2010—2020年）》和《教育信息化十年发展规划（2011—2020年）》等教育信息化发展政策。教育政策制定者一方面需要了解已经投入的技术对教育产生的影响，另一方面也需要了解新兴技术对教育的影响，为未来政策制定提供有效的证据。元分析方法是一种系统化的定量研究方法，其本身的意义就在于为政策制定者和管理者提供循证证据。这已经成为国际上科学研究领域不争的事实。本研究把教育技术学领域"散落"在不同国家和地区、不同研究主题和研究对象的元分析研究进行系统化的分析和综合，旨在为教育技术、教育信息化等相关政策的制定提供更为全面系统的"最佳证据"。

1.3　概念界定

1.3.1　技术、媒体与新兴技术

一般来说，一提到"技术"，人们往往把"技术"与计算机和互联网等硬件和软件相提并论，将"媒体"看作是信息传递的载体。然而，Rogers（2016）认为，技术是为达到期望结果而设计的能够减少因果关系中不确定性的工具行动。因此，技术能够以多种形式存在，主要表现为各种各样的工具和技能。而教育中的技术往往是指为了实现教与学的目的，提高教学效率，激发学生兴趣和参与度而用于传递和承载教学内容的工具、资源和系统。图书、黑板、粉笔、挂图和练习册在学校里已经司空见惯，通常不将它们视作独特的教育技术。然而，在这些技术开始应用于教学中时，它们也受到了与计算机和互联网技术同样的"重视"，或者说"质疑"。但由于这些技术在教学中已经常态化应用，因此，本研究仅仅关注20世纪20年代以来所产生的无线电技术、计算机技术、互联网技术等相关的数字技术和工具。教育中的媒体主要是指用于呈现信息的媒介，如文字、声音、图形、图像、视频和动画等。值得注意的是，教育领域中的新兴技术并不一定是一种新型的技术，而是指其对于教育领域来说是"陌生的"，教育研究者和实践者还未开展必要的适应性研究和实证研究，未形成适当的教学设计、开发与应用模

式，因此它是一个相对的概念。可以说，新兴技术是指为达到相应的教育目的在教学中“率先”使用的工具、技术和革新等(Veletsianos，2010)。

值得注意的是，Kozma(1991)主张从技术(Technology)、符号系统(Symbol Systems)和处理能力(Processing Capabilities)三方面的特征来定义、区分和描述媒体，以及分析媒体与学习的关系。其中，媒体最显著的特征是技术：媒体在机械和电子方面的特性决定了它的功能，同时也在一定程度上决定了它的外观、形状和其他物理特征。正因如此，人们通常使用媒体的技术属性来描述媒体，如电视、收音机、放映机等。一般来说，技术本身并不能直接对学习产生影响，其主要作用是“赋予”和约束其他两种性能：所使用的符号系统和所能执行的程序(即处理能力)。例如，显卡和声卡帮助计算机实现使用不同符号的表征；足够大的内存使得计算机可以运行专家系统。

符号系统是指媒体的呈现方式。一般来说，媒体的符号系统是各种元素的集合(言语和图像等)。媒体所支持的符号系统可用于描述其区别于其他媒体的属性。例如，电视可被认为是一种使用图像和音频语言符号系统的媒体。同时，这类属性也可用于规定一类重叠或等价的媒体。例如，相对于仅能表征言语符号的收音机来说，电视和电影可被认为是等价的媒体。也就是说，不同类型的符号系统叠加在一起共同发挥作用(郭文革，2008)。需要注意的是，Kozma(1991)认为，某些符号系统相比其他符号系统更有利于表征某些特定任务；不同符号系统所需要的心理表征方式和认知加工方式不同，继而影响认知和学习结果。事实上，这正是多媒体学习基本假设的出发点。

然而，仅仅依靠符号系统来描述媒体及其与学习的关系是不够的。信息不仅在记忆中表征，而且还需要被加工处理。媒体的处理能力也可用于描述其区别于其他媒体的属性。例如，影碟区别于广播视频的特征就在于处理能力，前者可用于信息检索，而后者则不可，即使它们有相同的符号系统，但两者的处理能力会产生有效的区别。对于计算机来说，其区别于其他媒体的主要是强大的处理能力而非独特的符号系统。一般来说，媒体的处理能力可以为学习者提供认知支持，弥补学习者认知技能上的不足。

Kozma(1991)强调，尽管可以使用符号系统和处理能力的集合来界定和区分媒体，但这并不表示在特定教学情境中利用了媒体所有的属性。例如，一段视频中可能仅仅只有一个人在屏幕上说话。在这种情况下，“虚拟媒体”就产生了：事实上，电视机成了收音机；只有虚拟媒体的特征才会影响学习的过程和结果。

总的来说，在区分媒体和技术时，可以借鉴Kozma(1991)关于媒体定义的方式，可从技术载体、符号系统和处理能力三个属性来界定媒体。

1.3.2 教育技术、学习技术与技术促进学习

美国教育技术与传播协会(Association for Educational Communications and Technology,简称 AECT)把“教育技术”定义为“通过创造、使用、管理适当的技术过程和资源,以促进学习和提升绩效的研究和符合道德规范的实践”(转引自黎加厚, 2005; 转引自彭绍东, 2004)。一般来说,这是关于教育技术的领域界定(Reeves and Oh, 2017),难以作为其操作性定义。而在技术对教育影响的研究中(Cheung and Slavin, 2012, 2013; Lee, Waxman, Wu, Michko, and Lin, 2013),通常都使用 Ross,Morrison 和 Lowther(2010)为“教育技术”所下的操作性定义,即各种各样用于帮助教师和学生达到预期教学目标的数字化方式、工具以及策略。

在欧洲一些国家和地区,教育技术通常被称为“学习技术”,两者没有本质区别(程薇等, 2015),相对来说,教育技术所包含的内容与教和学的方面相关,而学习技术侧重于学习的部分。近年来,技术促进学习也被用于表述一切关于“信息技术应用于学习”的代名词(黄荣怀等, 2010),与教育技术、学习技术互为同义词。

本研究无意对这三者进行区分,三者之间可以交叉使用,但是本研究在论述时,仍有所区分:在讨论教育中技术的发展和已有分类系统时,采用教育技术这一术语;在讨论技术应用于学习的有效特征时,采用技术促进学习这一术语。

1.3.3 元分析、效应量与调节变量

元分析(Meta-Analysis)是定量的系统化文献综述,指利用统计分析方法对同一问题的已有大量研究成果(特别是实验研究)的研究特征以及研究的有效性(特别是一些统计资料)进行综合分析与评价,从而得出这类研究成果所反映的普遍性结论。

元分析使用的基本统计量是效应量,它是研究有效性的指标,是“衡量实验效应强度或者变量关联强度的指标”(转引自郑昊敏、温忠麟、吴艳, 2011),指在干预结束之后实验组和对照组因变量均值差异程度的标准化测量。一般认为,效应量的大小基本不受样本量大小的影响(或者影响很小)(转引自郑昊敏等, 2011)。常用的效应量一般为差异类的统计量(例如,Glass 的 Δ 值,Cohen 的 d 值以及 Hedges 的 g 值)和相关类的统计量(例如,r)。Cohen(1988)界定了效应量大小的判断标准,以 d 值为例,$d \leqslant 0.2$ 表示效应强度很小,$0.2 < d < 0.5$ 表示效应强度小,$0.5 \leqslant d < 0.8$ 表示效应强度中等,$d \geqslant 0.8$ 表示效应强度大。效应

量的大小也可以用 U_3 和百分位数进行表示。在 Hattie(2009)的研究中,将影响学业成就的每一个因素的效应量进行平均化处理,继而对所有因素的效应量大小进行排序。

元分析的重点是要回答因果关系或相关关系之类的问题:“哪些是可用的(What Works)”,也就是说,元分析在关注总效应量大小的同时,也关注对某一种干预来说,对于谁、在何种情况下、怎么样和为什么起了作用。这需要进行调节变量(Moderator Variable)分析。在元分析方法中,调节变量是指一个或一系列会影响不同变量之间关系程度或方向的变量(H. Cooper 等,2009)。

1.3.4 有效性

“有效性”所对应的英文单词是 Effectiveness,通常有研究者将其称为效能、效力或效果(陈纯槿、王红,2013;孟琦,2006;宋伟、孙众,2013;王福兴、李文静、谢和平、刘华山,2017)。与“有效性”涵义类似的词语还有:效率(Efficiency)、效益(Benefit)和效用(Utility)(孟琦,2006)。一般来说,效率强调单位时间内所完成的任务量,效益强调符合预期目标的有效比率,而效用强调某一事物的有用性。三者强调的重点不同,但效率、效益和效用共同作用的结果就是有效性。在本研究中,有效性是指相比原有的教学方式使用某一技术给学习者学习结果所带来影响的大小。本研究以元分析中的效应量为指标来衡量某一技术对学习影响的有效性。

1.4 研究思路及组织结构

1.4.1 提出研究问题域

本研究所关注的研究主题为技术整合对学习的影响,本研究首先提出了所关注的研究问题域:(1) 技术的使用是否对学习产生影响?(2) 如果是,技术在多大程度上影响了学习者的学习?(3) 伴随着新兴技术给教育教学带来的挑战,如何以恰当的方式将技术应用于教学中?这一部分在第一章绪论部分呈现,同时第一章还阐述了本研究的目的和意义,界定了核心概念。因此,绪论部分主要包括问题提出,研究目的及研究意义,概念界定,研究思路及组织结构四个小节。

1.4.2 聚焦研究内容，确定研究方法

1. 回溯"学媒之争"，形成价值判断

本研究通过回溯"学习与媒体关系之争"的主要观点、证据来源和局限性，形成本研究的基本价值判断——使用技术会影响学习。同时，根据 Kozma (1991)关于媒体的界定，明确媒体与技术的关系，以及媒体的三种属性。这一部分在第二章第一小节中呈现。

2. 辨析"证据金字塔"，确定研究方法

在形成价值判断之后，本研究的研究重点转移到"关于技术应用于教与学的有效性以及有效设计原则和策略的研究"。本研究借鉴医学领域证据等级的规定，辨析了技术影响学习之争的不同研究取向，并确定本研究的研究方法为再分析。

3. 综述已有再分析，聚焦研究内容和研究问题

为聚焦研究问题，本研究综述了教育研究领域，特别是教育技术研究领域相关的再分析研究，总结和归纳已有研究的研究过程和方法、研究结果及研究结论，发现已有研究的现状及存在的不足。这一部分在第二章第三小节呈现，该部分还综述了"再分析"的概念和方法以及元分析方法学质量的评价工具和方法。同时，第二章还阐述了元分析的相关内容。

由于本研究确定采用"再分析"方法来回溯过去发表元分析的研究结果，所以，本研究同时确定采用历史研究法从历史发展的视角归纳和解释技术影响学习的脉络。经过较为详细的文献综述后，本研究确定了研究内容和研究问题，这一部分呈现在第二章第四小节"研究内容与研究问题"部分。

1.4.3 设计和实施研究

为回答三个研究问题，本研究在设计和实施的过程中开展了两条研究主线，一是再分析研究主线，二是历史研究主线。

历史研究这一主线界定了本研究所关注的时间段及依据，搜集了来自学校图书馆、国家图书馆、文献数据库以及互联网的相关研究资源，划分了历史发展的阶段，并对所获取的研究资料进行了评估。这一部分在"研究设计与方法"的第一小节中呈现。

再分析这一主线参照 Moher 等(2009)和 Polanin 等(2017)关于系统化文献综述和再分析研究实施的标准实施，主要包括四个环节：(1) 制定再分析研究计划，编制纳入纳出标准、编码工具以及文献检索策略等；(2) 文献检索与筛选；

(3) 培训编码者,对文献进行编码;(4) 数据整理和分析。这一部分在“研究设计与方法”的第二至七小节中呈现。

因此,研究设计与实施部分主要包括历史图解法、文献纳入纳出标准、研究工具的编制、文献检索与筛选、文献编码、收集文献计量学信息、数据分析七个小节。

1.4.4 呈现与解释研究结果

本研究主要包含三项研究内容和对应的三个研究问题,因此,本研究结果主要依照研究问题的递进关系进行呈现,依次对应第四部分、第五部分和第六部分的内容。

研究问题一的目的在于回顾、总结和解释技术在教育中的发展脉络。本研究使用历史图解法所搜集的资料和信息,划分了技术在教育中的发展阶段,确定了技术在教学中所扮演的角色分类方式。依照扮演角色的划分方式,分析了各发展阶段典型的教育技术形态,同时,论述了本研究所纳入元分析关注的研究主题的归类结果。另外,还以本研究所纳入元分析原始研究的发表时间为依据,分析了技术在教育中所扮演角色的演变趋势。该部分研究结果的解释主要依据Zhao 等(2015)关于教育技术五大错误之二的“错误的应用:把技术当作消费的工具,而不是作为学习者创造和生产的工具使用”。

研究问题二的目的在于以效应量为指标,衡量技术对学习影响的有效性。本研究使用所纳入元分析的总效应量来计算技术对学习影响的有效性,同时,分析了各种研究特征与总效应量之间的关系,以及总效应量之间的差异大小,以确定不同类型技术的使用对学习影响大小的排名。该部分研究结果的解释主要依据 Hattie(2009)关于发展效果、教师效果以及期待效果对应效应量大小的规定。

研究问题三的目的在于以前两部分研究结果和研究发现为基础,以纳入元分析调节变量分析的研究结果为依据,构建技术有效应用于教学中的“最佳证据”。针对多媒体学习、认知工具和教学系统、远程教育和在线学习,本研究主要从教学设计原则、学习内容和知识点的匹配程度、教学组织策略或学习活动策略,以及教与学效果评估等多个方面进行构建。

第二章

技术影响学习的价值判断及方法学探讨

在过去半个多世纪里，关于技术是否影响学习的争论从未停止，而教育研究者们也一直尝试从不同的研究视角或采用不同的研究方法来回答技术对学习的影响。本部分主要回顾技术影响学习之争的历史和研究取向，以及元分析和再分析的概念、方法和应用现状。简要来说，本部分主要从以下三个方面展开综述：(1) 以“媒体与学习关系之争”为核心，论述技术影响学习之争的历史；借鉴医学领域关于证据等级的规定，总结归纳技术影响学习的研究取向。这一节的目的在于形成本研究关于技术影响学习的价值判断，明确本研究拟采用的研究方法。(2) 介绍元分析的概念、缘起、方法及其在国内的应用现状。这一节的目的在于论述元分析研究的过程和方法，为编制元分析方法学质量工具做铺垫。(3) 论述再分析（即对元分析的分析）的概念、方法、应用状况以及方法学质量的评估工具和方法，特别是再分析方法在教育技术学研究领域中的应用状况。这一节的目的在于总结归纳已有研究的研究主题、研究方法等，确定有待解决的问题，进一步确定本研究实施的缘由，为聚焦本研究的研究内容和研究问题提供依据。本部分最后陈述了本研究的研究内容和研究问题。

2.1　技术影响学习之争的历史及研究取向

2.1.1　学习与媒体关系之争

针对“技术影响学习”最有影响力的一场“辩论”是时任美国南加州大学教授的 Richard E. Clark 与时任美国斯坦福国际研究院（SRI International）学习技术中心主任的 Robert Kozma 关于“媒体是否影响学习”长达数十年的“大辩论”，俗称“学媒论战”。事实上，“学媒论战”早在视听教学时代就已埋下“伏笔”，20 世纪 80 年代爆发的“学媒论战”被称为是“一场对媒体比较研究的大批判和总清算”（严莉、郑旭东，2009）。19 世纪末期，实验心理学的产生和发展对视觉教学研究产生了巨大的影响。20 世纪初期，研究者们开始使用媒体比较的方法来研究多项视觉教学工具的有效性（Saettler，1990）。20 世纪 70 年代，随着认知心理学的兴起，心理学界开始关注个体差异与教学处理方法之间的相互作用。受认知心理学的影响，教育技术学领域开始突破单纯“媒体比较研究取向”转而向“能倾处理交互研究取向”转变（严莉、郑旭东，2009）。自此，教育技术学发展舞台上开始了两个学派的“论战”。

1. “学媒无关论”

持“学媒无关论”观点的代表学者 Clark(1983)发表《对从媒体中学习研究的

再思考》("Reconsidering Research on Learning from Media")一文,正式发起了这场"论战"。Clark(1983)认为,媒体仅仅是传递教学内容的"通道",其本身不会对学习产生任何影响。Clark 引用密歇根大学 J. A. Kulik 团队的一系列元分析研究结果来论证"学媒无关"的观点,并指出当时关于媒体效能比较研究存在研究结果因果关系解释不当等诸多问题(C.-L. C. Kulik, Kulik, and Cohen, 1980; J. A. Kulik, Bangert, and Williams, 1983; J. A. Kulik, Kulik, and Cohen, 1979; P. A. Cohen, Ebeling, and Kulik, 1981)。

Clark 首先引用 J. A. Kulik, Kulik 和 Cohen(1979)关于导听教学法(Audio-Tutorial Instruction)对大学生学习影响的元分析研究结果。J. A. Kulik 等人(1979)的研究发现,与传统教学相比,使用导听教学法学习的大学生的学业成绩提升 1.6 个百分点,这被看作是微小的影响。基于这一研究结果,Clark 认为这一微小的影响"并没有教学意义"(Not Instructionally Significant),很可能是因为实验组和对照组之间在教学方法或教学内容之间的差异没有得到控制,而且研究结果显示,这种影响可能随着干预时间的增长而减弱。接下来,Clark 分别引用 C.-L. C. Kulik, Kulik 和 Cohen(1980)以及 J. A. Kulik, Bangert 和 Williams(1983)两个元分析研究结果来继续论证自己的观点。C.-L. C. Kulik, Kulik 和 Cohen(1980)综合 300 多项关于凯勒个别化教学系统、计算机辅助教学、导听教学方法、程序教学以及视听教学等教学技术对大学生学习影响的研究发现,实验组和对照组由同一名教师执教的研究的合成效应量为 0.13,而由不同教师执教的研究的合成效应量为 0.41。基于这一研究结果,Clark 认为关于媒体比较的研究混淆了实验组和对照组之间因教学方法和教学内容的差异而产生的差异。J. A. Kulik, Bangert 和 Williams(1983)综合 48 项基于计算机的教学对中学生学业成就影响的研究发现,当干预时长不超过 4 周时,其效应量为 0.56;当干预时长为 5~8 周时,其效应量为 0.3;当干预时长超过 8 周时,其效应量为 0.2。基于这一研究结果,Clark 认为新媒体对学习影响具有"新奇效应"(Novelty Effect)。

Clark(1985)再次发表文章《计算机教育研究中的混杂现象》("Confounding in Educational Computing Research"),该研究探究了基于计算机的教学对学习者学业成就或表现的影响主要源于教学法、教学内容以及新奇效应。这一研究发现在《基于计算机教学研究中混淆现象的证据》("Evidence for Confounding in Computer-Based Instruction Studies")(Clark, 1985)一文中综合已有元分析验证了这一结论。由此,Clark 认为媒体本身对学习没有影响,媒体比较研究中关于学习成就的提升主要源于教学方法和教学内容的差异。Clark(1994,

2001，2012)关于其观点的论述以及与其他观点代表学者的辩论在接下来的二十年里似乎并没有停止。

2. “学媒相关论”

持“学媒相关论”观点的代表学者 Kozma 发表《利用媒体进行学习》(“Learning with Media”)一文则使得这场“论战”真正开始，并很快吸引了多位学者加入“论战”(Kozma，1991)。Kozma(1991)认为，学习是一个积极、建构的复杂过程，学习者通过从环境中提取信息，并整合记忆中已有的信息来策略化管理可用的认知资源，以构建新知识；媒体和教学方法共同作用于教学，并影响学习者表征和处理信息的方式，继而对学习效果产生不同的影响。这一过程受到短时记忆中的信息数量和加工时长相关的认知因素的影响，同时，也受长时记忆中与任务相关信息的影响。因此，在 Kozma 看来，媒体技术和教学方法共同对学习产生影响，而这一影响主要源自对学习者心理表征和认知过程的影响。

Kozma(1991)主张从技术、符号系统和处理能力三个方面的特征来定义媒体。技术虽然是媒体最显著的特征，但其本身并不能直接对学习产生影响，主要是为媒体所支持的符号系统和处理能力“赋能”。而媒体的符号系统主要影响学习者的心理表征方式和认知加工过程，处理能力能够为学习者提供必要的认知支持。事实上，这就是多媒体学习的基本假设。为了更清楚地论述这一假设，Kozma(1991)以图书、电视、计算机和多媒体等为例，阐述了各类媒体的技术、所支持的符号系统以及信息处理能力的特征和关系。

3. 其他代表性观点：认知效能

Cobb(1997)全面总结了此前 Clark 和 Kozma 的争辩，他认为，Clark 和 Kozma 十年间的论战极大地推动了教育技术学科的发展，为教育技术学研究者明晰了该领域的研究对象和研究内容。同时，丰富了教育技术学科的知识和研究范畴，增强了学科理论和实践背景。在分析和总结了“学媒论战”后，Cobb 提出了认知效能(Cognitive Efficiency)的概念。认知效能是一种基于固定环境的测量工具，通过一个符号系统衡量在给定任务的情况下，有多少认知是工作记忆之外的认知(Cobb，1997)。

基于对认知效能的认识，Cobb 认为，没有理由相信媒体对学习没有任何作用。知识作为符号系统的概念，其传播需要依赖媒体的作用。值得注意的是，关于媒体与学习的关系的讨论不能局限于某一种解决方案是否值得或必要。在教学实践中，可以选择不同的媒体或工具。无论从经济的角度，还是从社会的角度，甚至认识的角度，这并不意味着它们在同样的效能水平。事实上，很多研究都是混合式的，不存在单一使用某一种研究方法，在教学当中必然是多种媒体混合使用。

4. 小结

“学习与媒体关系之争”是一场关于技术影响学习价值判断的讨论，很难形成统一的观点。然而，结合双方观点所产生的历史背景，可以发现，在个人计算机时代到来之前，人们仅仅认识到媒体在技术方面的特性，缺乏对符号系统和处理能力特性的认识。因此，以 Clark 为代表的媒体派认为，媒体本身不会对学习产生影响。虽然 Clark 也已经意识到媒体呈现方式是媒体的重要属性，能够影响学习，但是，他关于媒体与学习关系的认识却局限于媒体的物理属性。这是双方不能形成一致观点，“论战”难以“缓和”的主要缘由。而 Kozma 观点的提出是在个人计算机快速发展以及互联网萌芽的阶段，其关于技术对学习影响的判断，已经开始关注到媒体的符号系统和处理能力。这与 Kozma 认为媒体可从技术、符号系统和处理能力三种属性进行界定有关。技术本身并不能直接对学习产生影响，但可以为其他两种特性赋能：一方面，为学习内容的呈现提供丰富的表征方式；另一方面，为学习活动的设计和实施提供多样的交互方式。

就证据来说，Clark 引用 Kulik 团队一系列元分析研究结果来论证自己的观点。然而，在引用或论述 Clark 观点时，很少有研究者注意到这一点。Kulik 团队的一系列元分析主要有导听教学法、教学电视、程序教学等。近四十年过去了，教育技术研究领域涌现出了大量的元分析研究。整合过去元分析所产生的证据是教育技术学研究者需要关注的重要课题。

通过回顾学习与媒体关系辩论所持观点、研究范式、证据及局限性可知，“媒体派”所持的“学媒无关论”观点建立在媒体效能比较研究的基础上，而“学习派”所持的“学媒相关论”观点则基于“能倾处理交互理论”，双方关于媒体作用于学习的机制的认识基础不同。表面来看，“学媒论战”是关于媒体与学习关系的讨论，但实质上双方的辩论是关于“学习是什么”的讨论，更进一步说，是关于“教育技术是什么”的讨论，即关于教育技术本质的讨论。

2.1.2 技术影响学习的研究取向

由于要考虑不同技术的应用方式和情境，任何一项研究或一组研究都难以阐明技术的使用对学习的影响，因此，研究“技术对学习影响”的方式和方法是多样的。一般来说，教育科学研究可从研究设计、数据获得方法和数据分析方法三个层次来论述(董奇，2004；莫雷、温忠麟、陈彩琦，2007)。由于受到研究过程中各种因素的影响，这些研究方式和方法所产生研究结果的可靠性和解释力是不同的。本部分以“证据等级”(Evidence Hierarchy)为切入点，论述技术影响学习的证据及研究取向。

1. 证据金字塔

在医学研究领域，其研究成果通常需要经过若干不同等级的证据才能进入临床实践（Alsop and Tompsett，2007）。这些不同等级的证据从高到低依次是系统化文献综述、随机对照实验、准实验和前后对照实验、纵向研究、个案对照研究、横断面研究、个案研究以及专家观点，这一证据等级方式被称为“证据金字塔”（Jonas，2001），如图 2-1 所示。从研究取向来看，证据金字塔所包含的研究取向主要有：观察研究（描述与分析现象）、实验设计以及研究整合，而专家观点往往很难作为一种有效的证据。借鉴这一逻辑，关于技术对学习影响的效果研究也要依次经过不同等级的证据来验证后才能真正应用于课堂教学实践中（Alsop and Tompsett，2007）。

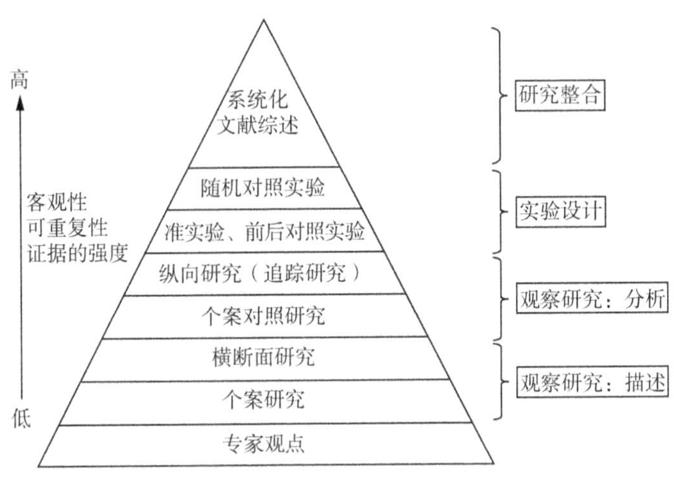

图 2-1 证据金字塔

目前来说，教育技术领域研究技术对学习影响常用的研究取向有实验研究、横断面研究以及系统化综述（Haertel and Means，2003），这与教育技术研究领域所使用的研究方法并不是一回事（Reeves and Oh，2017）。值得注意的是，技术对学习影响的研究贯穿整个教育技术的发展，在这一过程中，研究者们不断探究各种研究方法的局限性，并探索出替代的研究方法或数据统计分析工具。对于实验研究的研究取向来说，由原有小规模的随机对照实验发展为大规模实验研究和基于设计的研究；对于横断面的调查研究来说，国际大规模学业测评的数据开始用于分析技术对学习的影响；而对于系统化文献综述来说，研究者主要强调文献获取的全面性和规范性，同时，关注研究结果的整合和解释。接下来，根据证据等级的高低，依次从实验研究、调查研究以及系统化文献综述三种研究取向阐述研究技术影响学习的基本情况。

2. 大规模实验研究与基于设计的研究

受实验心理学的影响，早在20世纪20年代，研究者就开始使用媒体比较的方法来研究视听教学技术对学习的影响(Saettler, 1990)。在教育研究领域，甚至其他社会科学研究领域，实验研究特别是随机对照实验，被认为是检验证据有效性的"黄金标准"。实验是检验干预结果的理想方式。当个体或群体被随机分配到实验组或对照组，不论对测量的变量还是未测量的变量来说，这都可以认为两组之间是等同的。然而，在真实的情境下，实施随机分组是困难的，而且多数实验研究存在干预时间较短、参与的实验对象数量有限等不足，因此其研究结论还不足以回应技术对学习的影响这一问题。

1997年，美国总统科学技术顾问委员会教育技术小组(Panel on Educational Technology, President's Council of Advisors on Science and Technology)所提交的《关于加强美国中小学技术使用的报告》就号召采用"设计严格的、控制良好的、经过同行评议的大规模实证研究"以获得"哪些技术支持的教育改革最有效"的证据。随后美国政府颁布的《不让一个孩子掉队》法案也号召采用大规模实验研究的方法。例如，马扎诺研究中心(Marzano Research)曾在两个学期内收集了来自85名教师和170个班级使用由普罗米修斯公司(Promethean Ltd.)研发的集互动式电子白板、互动教学软件以及即时反馈系统为一体的"互动教学系统"对学习者学习的影响(Marzano and Haystead, 2010)，这就是一项典型的大规模实验研究。这一研究相比较其他大规模实验研究来说，还采用了元分析统计分析方法。然而，参与实验研究的教师和学生不得不面对被研究者随机分配的"命运"，不得不遵循研究者的研究设计，同时还要"忍受"测量所带来的负担(Haertel and Means, 2003)。更值得注意的是，实验研究的研究设计往往基于一种待检验的教学理论或教学策略，要求参与实验的学校具备良好的实施条件，而且往往只能实施一种教学方式，这与实际教学实践的方式相差很大。

由于大规模实验研究的实施条件复杂，研究者们开始寻求一种新的方法来解决问题，即基于设计的研究。这种研究方法来源于建筑、工程以及软件开发领域，要求研究者离开实验室环境，进入真实的场景中，采用循环迭代的方法来验证某一设计方法或策略的有效性。目前来说，基于设计的研究已经成为教育技术学中一种典型的研究方法(Amiel and Reeves, 2008)。作为一种改进教学设计或教学产品的研究方法来说，基于设计的研究方法是理想的，然而，对于"技术对学习影响"这一研究主题来说，这种研究方法难以建立所期待的因果联系，同时，其研究过程还要依靠研究者和教师之间的关系（Haertel and Means，2003）。

3. 大规模调查研究

近年来，随着计算机技术的发展和普及，研究者开始使用计算机技术来组织和实施大规模调查研究。同时，他们也开始关注计算机技术的使用情况对学业测评表现的影响。这种方式已经在各类国际和国家学生素养测评中使用。自2009年起，国际学生测评项目（简称 PISA）开始增设数字阅读测评项目（OECD，2010）；2016年，国际阅读素养进展研究（简称 PIRLS）也开始使用数字测评的方式进行测评（Mullis，Martin，and Sainsbury，2016）；而美国全国教育进步评估项目（简称 NAEP）从2014年开始使用平板电脑测试学生在数学、阅读与写作等三个学科的表现（NAEP，2017）。

研究者们开始使用大规模测评的开放数据来研究技术的使用对教与学带来的影响（Fariña，San Martín，Preiss，Claro，and Jara，2015；OECD，2015；Skryabin，Zhang，Liu，and Zhang，2015；陈纯槿、顾小清，2017；陈纯槿、郅庭瑾，2016）。在这些报告中，影响较大的是2015年经济合作与发展组织（OECD）使用2012年 PISA 的数据研究了计算机技术的使用与学业成就之间关系的研究报告。该报告被称为“第一份针对信息技术教学应用成效所进行的国际比较”（顾小清等，2016）。该研究发现，信息技术的使用并没有促进学习者的学习，同时，中等频率使用者的学业测评结果好于较少频率使用者，而高频率使用者的学业测评结果表现更差。

由于大规模调查研究在其主要目的方面，即收集学业成就数据方面，进行了精良的设计，所以其在收集学校教育中技术的可获得性和使用情况等信息时却往往并不准确（Haertel and Means，2003）。此外，“技术对学习影响”这一研究问题也并不是这些测量的主要研究内容，其研究结果也难以区分计算机技术的可获得性和使用情境等自变量与所测量的阅读成绩或数学成绩等因变量之间的关系。通常来说，大规模调查研究的数据被认为是研究技术影响学业成就的“弱数据来源”（Haertel and Means，2003）。

4. 系统化文献综述

一旦某一研究领域形成了大量的原始研究成果，研究者们就可以对这些原始研究成果进行整合，挖掘已有研究的价值，积累领域科学知识。这就是文献综述，也被称为研究评价（董奇，2004）或系统评价。文献综述被认为是研究技术影响学习的研究取向之一（Haertel and Means，2003）。根据研究计划的编制、文献检索和收集方式以及对研究结果的解释方法等方面的不同，可以将文献综述分为叙述性文献综述（Narrative Review）和系统化文献综述（Systematic Review）。

叙述性文献综述曾在技术影响学习研究领域产生了很大的影响。其中,最具代表性且影响力最大的是美国北卡罗来纳州州立大学汤姆斯·罗塞尔(Russell, 1999)的"非显著性差异"(No Significant Difference)研究,该研究收集整理了1928年至1998年间关于技术应用于课堂教学、远程教育对比其他替代方法对学习效果影响的355项研究结果显示为非显著性差异的研究。该研究认为,不同技术的使用对学习的影响不存在显著性差异(转引自杨浩等, 2015)。这一"研究发现"在教育技术学领域内得到了极大的关注,被称为"非显著差异现象"。杨浩等学者(2015)认为,这一现象从某种程度上揭示了技术融入教学的"历史命运",继而从创新扩散理论、技术接受度模型等方面揭示了"非显著性差异现象"背后的缘由:信息技术融入教育的"适效性",这是从教育实践发展的视角来解释。

然而,从该研究的研究设计和研究方法来看,Russell(1999)的研究存在以下问题(Bernard等, 2004):(1) 不是所有的研究都具备同等的研究质量和严谨性,如果没有对纳入的研究进行资格审查或者描述其研究特征,这样得出的研究结论及其推广性是不可信的;(2) 接受零假设检验并不意味着否认在未抽样的人口中存在这种差异,这仅仅意味着抽样样本中不存在显著性差异;(3) 不同样本量大小的研究不能完全根据其统计检验结果进行聚合。通俗地说,Russell(1999)的研究仅仅罗列了所有显示无显著性差异的研究,而没有对存在显著性差异的研究进行分析,也没有关注纳入研究的研究设计质量、严谨性以及研究样本的特征,仅仅使用无显著性差异的研究来解读技术对学习的影响难以得出有意义的研究结果。因此,Russell(1999)的研究结果既不能推翻无显著差异的假设,也不能估计出效应影响的范围。由于叙述性文献综述在研究各个环节的可重复性低,文献选取和研究结果的解释过于主观,因此叙述性文献综述很难作为技术影响学习的证据。

相比较叙述性文献综述来说,系统化文献综述作为一种文献综述的研究方法,研究起初会有明确的研究计划,主要涉及确定研究问题、制定文献纳入纳出标准和文献检索策略等,是一种操作性强且可重复的研究方法。对于研究技术影响学习这一主题来说,研究者通常会采用系统化文献综述的方式系统化评价已有研究成果。一般来说,研究者需要通过检索多个文献数据库筛选与研究主题相关的文献。

对于系统化文献综述来说,仅对纳入研究的研究特征和研究结果进行描述性统计分析,这种方法被称为"内容分析法"或"结构式定量分析方法"(袁振国, 2000)。当对纳入研究的研究特征和研究结果的统计量也进行了推论性统计分析时，这种方法被称为“元分析”。由于教育研究实证研究成果，特别是实验研究的“井喷式发展”，元分析作为一种定量的系统化文献综述方法，在医学、心理学和教育学研究领域得到了广泛的应用。然而，黄向阳(1999)认为元分析作为一种独特的研究方法，在我国教育研究领域中的应用还未得到应有的重视。虽然这一观点的提出已经过去了近二十年，但通过对国内核心期刊进行搜索发现，这一问题仍然没有得到改善。

5. 小结

毫无疑问，技术影响学习的研究取向是丰富多样的，每一种研究取向都存在各自的优势和不足，“万金油”式的研究方法或研究取向是不存在的(库恩，2004)。本研究依据“证据金字塔”的证据等级模型，阐述了调查研究、实验研究以及研究整合在研究技术影响学习这一问题时的地位及重要性，同时，重点论述了每一种研究取向的不足及改进方法，主要有大规模实验研究、基于设计的研究、大规模调查研究以及系统化文献综述。

值得强调的是，不存在唯一的获取数据或生产知识的方式。对于观察研究来说，其证据主要来自个案研究、横断面调查研究、个案对照研究以及纵向研究，前两种研究所得的证据在于描述事物或现象的特征，即解决“是什么”的问题，而后两种研究所得的证据在于分析事物或现象发展的规律，即解决“怎么样”的问题；对于实验研究来说，其证据主要来自准实验、前后对照实验以及随机对照实验，这些研究所得的证据在于解释现象发生的机制，即解决“为什么”的问题；而对于研究整合来说，其目的在于评价和综合各类证据。由此可以看出，各研究取向之间并不是互不关联的，实验研究和调查研究是系统化文献综述的“连续统一体”；若没有大量原始研究的产生，就谈不上对已有研究成果进行评价。

2.1.3　本研究的基本价值判断与方法论考虑

1. 技术影响学习的基本价值判断

通过回溯学习与媒体关系之争，可以发现，在微型计算机时代之前，人们仅仅认识到媒体在技术方面的特性，缺乏对符号系统和处理能力特性的认识，这是Clark(1983)所持观点的历史局限性。然而，随着多媒体技术的快速发展，教学媒体和学习资源开始向非线性、交互式和立体化的形式转变。符号系统(即媒体呈现方式)作为媒体属性的主要组成要素，正日益引起研究者和实践者的重视。虽然Clark(1983)也已经意识到媒体呈现方式是媒体的重要组成部分，但是，其关于媒体与学习关系的认识仍然局限于媒体的物理属性。更为重要的是，在过去的二十年里，以互联网为代表的信息技术获得了飞速的发展，在线学习和借助网络学习已经成为一种重要的学习方式，越来越多的学习者借助互联网和数字工具进行表达、交流、探究和构建，媒体的处理能力越来越影响到学习者利用技术支持学习的体验和效能。

综上所述，本研究认为，不论是20世纪末关于媒体是否影响学习的争论还是当下关于技术是否影响学习的讨论，其首要之处都在于理清媒体与技术的关系。通过总结和分析，可以看出，Kozma（1991）关于媒体可由技术、符号系统和处理能力三种属性来界定这一观点清晰、明了且有效地区分了媒体和技术的关联关系。然而，这一点往往被忽视。本研究在Kozma（1991）观点的基础上，论述媒体（或技术）与学习的关系。技术本身并不能直接影响学习，但技术却可以为符号系统和处理能力“赋能”。技术既可以使得符号系统和处理能力发挥作用，支持和促进学习的发生，也可以限制符号系统和处理能力产生作用。这就是本研究关于技术影响学习的基本价值判断。

2. 技术影响学习的方法论考虑

通过借鉴医学领域关于证据等级的规定可以发现，研究者们把技术应用于教学并没有产生成效归因于教学实践相关因素（例如，信息化建设水平和教师应用水平）的做法是有失偏颇的。就医学研究来说，每一种治疗手段都要经过若干不同阶段的验证，要以小规模实验室的研究为基础，到大规模临床研究，进而采用研究整合的手段进行决策。就技术影响学习的研究来说，现阶段已经产生了大量的小规模实验室研究，甚至也开始关注大规模实验研究和调查研究，研究者和决策者要开始关注研究整合的证据和结果。值得注意的是，由于“跨越”证据等级而造成的决策失误需要研究者和决策者承担。

综上所述，本研究认为，关于技术对学习影响的调查研究和实验研究已经足够多，未来研究者要重视从研究整合这一等级来探寻技术影响学习的证据。研究整合的作用和意义，一方面在于克服叙述性文献综述的局限性，另一方面在于弥补零假设检验的不足。关于这两点的讨论将在“为何要进行元分析”这一部分讨论。

2.2 元分析概述

2.2.1 元分析的定义及相关概念

关于元分析思想的起源说法不一，有些人认为最早的元分析技术应用在农业科学领域，其目的是探究两个变量之间的关系（Rosenthal, 1991），有些人认为是在天文学界，还有人认为是在医学领域(H. Cooper 等，2009)。虽然关于元分析的起源说法不一，但是“元分析”概念最早的提出者是美国教育心理学家 Glass 教授(1976)。1976 年，Glass 提出了元分析的研究方法，并引入了效应量的概念。由此可见，元分析最早应用于整合教育领域的研究成果。元分析研究方法一经提出，很快在医学、心理学、教育学等领域得到了广泛的应用(Borenstein 等，2009)，后经 Cooper(1984)，Hedges 和 Olkin(1985)以及 Rosenthal(1991)等的大力倡导，元分析研究方法和过程更加系统、明确和具有操作性。

1. 广义和狭义的定义

元分析的字面意思是“分析的分析”，其英文为 Meta-Analysis，也称为“萃取分析”(刘鸣，2011；郑明华，2013)。一般来说，狭义元分析概念的界定主要包含以下三种：Glass(1976)将元分析定义为一种统计分析方法，指为整合已有发现而对大量个别研究的研究结果进行统计分析的方法；唐莹(2002)认为，元分析是对大量教育研究成果(特别是实验研究)的研究特征和研究有效性进行形式化的定量分析；毛良斌和郑全全(2005)在总结前人定义的基础上，将元分析定义为，针对同一问题的大量实验研究结果，借助统计方法进行综合分析与评价，从而概括出其研究成果所反映的共同效应，即普遍性的结论。简单来说，元分析是一种定量的系统化研究整合方法，其利用定量合成的方法把已有研究成果进行合成，是一种系统化文献综述。然而，没有进行定量合成的系统化文献综述，也就是没有进行元分析的系统化文献综述，被称为定性的系统化文献综述(袁振国，2000)，即广义的元分析(刘鸣，2011)。在本研究中，元分析是一种系统化的研究整合方法，它涵盖了一整套完成科学研究的方法论及研究技术，是指利用统计分析方法对同一问题的已有大量研究成果(特别是实验研究)的研究特征以及研究有效性(特别是一些统计资料)进行综合分析与评价，从而得出这类研究成果所反映的普遍性结论。为了研究技术整合对学习影响的有效性，本研究采用狭义元分析的定义。

Marzano 和 Haystead(2010)将狭义元分析研究方法进行了扩展，用以验证某种技术或策略等对学习者学业成就的效应强度。他们所在的研究机构马扎诺研究中心受普罗米修斯公司的委托，研究了该公司研发的一套集互动式电子白板、互动教学软件以及即时反馈系统为一体的互动教学系统能否提升学习者学业成绩。该研究中心集中收集了来自 85 名教师和 170 个班级两个学期中使用和不使用该套互动教学系统的对照实验数据，并利用元分析统计技术整合了 170 个班级使用该互动教学系统对学习者学业成就的效能强度。

与狭义元分析研究相比，Marzano 等（2010）所分析的数据来自他们自己设计和实施的实验研究，而不是已经发表的研究的结果数据。虽然这种方式得出的研究结论对研究特定教学软件和特定对象可以起到充分的解释作用，但这不是传统元分析所要达到的目的，即整合已有研究。本研究将这种元分析称为“扩展意义上的元分析”，不纳入本研究的研究范围。但是，需要注意的是，对于教学软件的设计者和开发者来说，扩展意义上的元分析方法是检验教学软件有效性的方法之一，也是最有效的方法。从本质上来说，这类研究属于大规模实验研究，相对于其他大规模实验研究来说，其仅仅是在数据统计分析方法上使用了合成效应量的方法。

基于证据的教育（Evidence-Based Education）最早出现在医学教育领域（陈进、卿平、王聪，2014）。在教育研究领域内，Slavin（1986）提出了最佳证据综合法（Best-Evidence Synthesis）的概念，其主要是在文献筛选时要求更为严格，仅纳入干预时间超过一学期的研究。Slavin（1986）认为干预时间超过一学期的研究结果才具有实践意义。后来，教育研究领域发展了基于证据的教育、基于证据的政策等学科门类或方向。2002 年，美国教育科学研究院（IES）倡导并建立了有效教育策略资料中心，即 What Works Clearinghouse（简称 WWC）。WWC 作为美国教育部官方评价机构，主要评估各类教育研究项目、产品、实践和政策的相关研究。他们制定了评估教育研究质量的标准，以期发现高质量的研究成果，为教育改革提供强有力的科学支持和政策建议。研究者可以通过 ERIC 筛选出符合 WWC 标准的研究成果，进而对原始研究结果进行整合。

2. 效应量的概念和含义

1）效应量的概念

狭义上元分析所涉及的统计分析方法首先是指效应量（Effect Size）的计算。效应量是元分析研究有效性的指标，是“衡量实验效应强度或者变量关联强度的指标”（转引自郑昊敏等，2011），是指在干预结束之后实验组和对照组因变量均值差异程度的标准化测量。

简单来说，效应量是一种标准化均值差（Standardized Mean Difference，简称 SMD），它能够将使用不同测量方式、测量工具，甚至不同样本的原始研究结果转换成共同的量规，且大小不受样本容量的影响（或影响很小）（郑昊敏、温忠麟、吴艳，2011）。

2）常用的效应量

元分析常用的效应量有三种：Glass 的 Δ 值（Glass，1976），Cohen 的 d 值

(J. Cohen，1988)以及 Hedge 的 g 值(Hedges and Olkin，1985)。以 Cohen 的 d 值为例，其基本的计算方式有两种：

（1）对于实验组和控制组两组比较的来说，

$$效应量=(平均值_{实验组}-平均值_{控制组})/混合样本的标准差$$

（2）对于前后测的比较来说，

$$效应量=(平均值_{后测}-平均值_{前测})/混合样本的标准差$$

3）解释效应量的含义

针对单一元分析的效应量而言，Cohen(1988)界定了 d 值大小的判断标准：$d \leqslant 0.2$ 表示效应强度很小，$0.2<d<0.5$ 表示效应强度小，$0.5 \leqslant d<0.8$ 表示效应强度中等，$d \geqslant 0.8$ 表示效应强度大。同时，Cohen(1988)也界定了 g 值等其他类型效应量大小的判断标准。而 Slavin(1990)则主张在教育情境下效应量$\geqslant 0.25$ 即达到了实验结果的显著性意义，也即实践意义。

一般来说，在解释效应量含义时还可以采用以下三种方式：(1) 标准差；(2) U_3 值；(3) 百分等级增量。相对来说，这三种方式的解释力依次增强，且更容易为实践者所理解。$d=1.0$ 意味着在此种实验干预条件下学业成就相对传统教学方式提高了一个标准差，这通常相当于学习者的学业成就获得 2—3 年的发展(Hattie，2009)。为了更清晰地解释效应量所表达的含义，元分析研究者引入了 U_3 统计量(P. A. Cohen，Ebeling，and Kulik，1981；Cohen，1988)。这一统计量代表着效应量(正态分布)落在给定标准正态分布曲线下的面积，也即效应量 d 的概率($U_3=\mathrm{P}d$)。通俗地讲，U_3 表示高均值组高于低均值组得分的百分数，即若效应量为 1 且符合正态分布曲线，则实验组和控制组学生成就 U_3 值为 84.13%，意味着实验组有 84.13%的学生得分高于控制组中 50%学生的得分。而最为通俗的解释是百分等级增量(Percentile Gain，简称 PG)，即一个标准差所代表的百分点增量，其数量等于 U_3 的值减去 50%，也就是说，若效应量为 1，则意味着实验组学生平均分数相比较对照组学生提高 34.13%，如图 2-2 所示，该图改编自 Pitler，Hubbell，Kuhn 和 Malenoski(2012)。对于实践者来说，这种表示方式更容易理解和接受。

需要注意的是，d 值和百分等级增量之间是可以相互转化的，如图 2-2 所示，同时可参见动态可视化图①，也可查阅 Cohen(1988)的 U_3 与 d 值转换表，或使用微软 Excel 中的正态分布函数 NORMSDIST 计算。

---

① 效应量、U_3 数量关系的动态可视化图网址：http://rpsychologist.com/d3/cohend/。

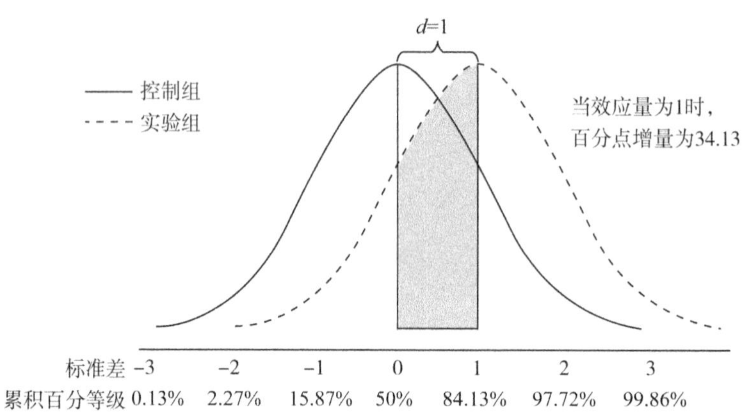

图 2-2 效应量与百分点增量的关系

2.2.2 实施元分析的缘由及优势

1. 为何要进行元分析

对于社会科学研究，特别是教育研究来说，每一个领域都存在大量相互独立的研究成果，然而由于社会科学研究很难像自然科学研究一样可以在严格控制各种变量的情况下开展研究，获取研究数据，因此往往导致同一问题研究结果不尽一致，甚至出现相互矛盾的结果，单一研究成果难以为特定问题提供一个明确的“答案”。同时，随着科学研究事业的繁荣发展，大量科学研究成果出现，每年产生不计其数的期刊论文、学位论文、会议论文和研究报告等。对已有研究成果进行整合，成为各个研究领域迫切需要重视的任务。对教育研究领域来说，研究者们很早就开始对各个领域的教育研究文献进行整合、评述。但是传统的文献综述方法主要采用的是叙述性文献综述，其文献整合的过程多趋向于研究者的经验性过程，研究者多以思辨的方式开展和发表研究整合成果。这种方式不能称为严格意义上的科学研究，更似一种特殊意义上的“学习笔记”。

在教育实证研究领域，零假设检验是一种重要的统计推论方法，而 p 值主要用于判定所检验的结果是否具有统计学意义上的显著性差异。然而，近年来，国际上科学研究领域越来越认识到现有科学研究报告对 p 值所代表意义的“误读”，需要使用更为合理的统计量来弥补其不足。为了弥补教育研究中 p 值存在的不足，王光明、李健和张京顺(2018)建议在教育实证研究中，协同使用效应量、置信区间以及重复性实验等方法。在这三种方法中，元分析采用了效应量和置信区间两种有效的方法，且效应量被认为是使用范围广，认可程度高的 p 值补充工具。

从研究设计与方法来说，元分析可以克服传统叙述性文献综述的局限性；从统计分析方法来说，元分析所使用的统计分析方法能够弥补零假设检验的不足。接下来阐述使用元分析及其所使用的统计量在解决这些问题时的重要意义。

1）克服叙述性文献综述的局限性

Wolf(1986)从文献选取、研究结果、研究发现、个别研究的处理方法以及中介变量等五个要素阐述了叙述性文献综述存在的问题：(1) 文献的选择易流于主观，文献评论者常依其主观标准选择文献；(2) 对于研究结果有不同的主观解释，以致不同的文献评论者所得到的结论往往是相互冲突、相互矛盾的；(3) 对研究发现可能产生误导性的诠释；(4) 对于所收集的个别研究中持续出现的某些共同特征未能做深入的检验；(5) 未能探讨中介变量与研究发现之间的关系。Leibovici 和 Reeves(2005)从研究中心点、是否制定研究计划、是否界定研究问题、是否制定纳入纳出标准、是否有清晰的文献检索策略等研究实施的各个方面总结了叙述性文献综述与系统化文献综述的区别，如表 2-1 所示。

表 2-1　叙述性文献综述与系统化文献综述的区别

特征项	叙述性文献综述	系统化文献综述
研究中心点	通常比较宽泛	聚焦
制定研究计划	不常见	通常会
界定研究问题	通常不会	干预、被试群体以及结果都会界定清楚
纳入纳出标准	不常见	事先界定清楚，有条理(例如，英语以外的语言会被排除)
清晰的检索策略	不常见	必须
研究描述性信息	任意的	提取与研究或者被试相关的细节，并以一种统一的格式呈现在研究报告中
纳入研究的研究方法质量	任意描述	系统提取纳入研究的研究方法质量，并用于检验是否较差的研究方法与夸大的效应有关
数据提取	多变的	通常由一位以上的审阅者独立进行编码
元分析中研究结果的摘要	不常见	如有必要就会做
灵敏度分析，亚组分析	不常见	如有必要就会做：主要用于检验干预是否对特定群体的亚组有效

续表

特征项	叙述性文献综述	系统化文献综述
描述干预效果	随意的	通常来说会明确区分相对有效的措施和绝对风险差，这将影响临床决策
遭遇无效数据的结论	如果该综述出自权威的、博识的专家就是有价值的	很少

从 Wolf(1986)与 Leibovici 和 Reeves(2005)的观点可以看出，系统化文献综述研究问题聚焦，而叙述性文献综述缺乏对研究问题的预设；系统化文献综述在文献检索时，文献检索策略和过程做到全面、系统和透明化，在文献筛选时按照严格的纳入纳出标准，而且一般来说，系统化文献综述在文献筛选和编码时通常有两名或两名以上的研究者采用“背对背”的方式，而叙述性文献综述在文献选择时过于宽泛，缺乏可依据的标准；系统化文献综述研究结果往往建立在大量样本的基础上，研究结果相对较为客观，而叙述性文献综述的研究结果往往具有不确定性和一定的主观性，不同研究者往往得出不同的结论。而元分析作为一种定量的系统化文献综述，具备系统化文献综述的所有特征，同时还会对原始研究的研究特征项、研究质量和研究结果统计量进行统计分析，从而提高研究结果的可靠性和解释力。

2）弥补零假设检验存在的不足

通常来说，研究者对数据的解释会依赖于统计学的零假设检验，其基本思想是概率性质的反证法，即首先假定零假设为真，在此假设前提下，如果导致小概率事件的发生，则表明零假设为真的假定是不正确的，也就不能接受零假设。假设检验中的“反证法”认为的“不合理现象”基于人们在实践中广泛采用的小概率事件原理，该原理认为“小概率事件在一次试验中几乎是不可能发生的”。在零假设显著性检验(Null Hypothesis Significance Testing，简称 NHST)中的显著性水平(Significance Level)表示拒绝零假设(H_0)时犯错误(Ⅰ型错误)的概率。在统计学中，将概率不超过 0.05(有时也定为概率不超过 0.01 或 0.001)的事件称作“小概率事件”，小概率事件在一次试验中几乎是不可能发生的，即当我们拒绝 H_0 而犯错误的事件是小概率事件，是几乎不可能发生的(吴艳、温忠麟，2011；仲晓波、黄希尧、万荣根，2008)。显著性检验作为一种统计检验决策的方式，只考察“零假设为真”这一假设发生的概率，而不能表明实验组和对照组之间的差异到底有多大，也就是说，显著性检验给出的是定性的结论，无法得出实验干预对实验结果影响的强度(仲晓波等，2008)。

效应量可以弥补零假设检验的这种不足，它能够区分出统计学意义上的显著性和实际效果的显著性。虽然，效应量弥补了零假设检验的不足，但是把元分析和零假设检验对立起来也是不合适的（仲晓波，2010）。因为元分析不是对原始数据的统计，而是对统计结果的再统计（王沛、冯丽娟，2005）；两者在逻辑上是“连贯的”，“对元分析方法的提倡无须以否定零假设检验作为代价”（仲晓波，2010）。近年来，许多期刊或学术组织开始提倡在研究报告中报告效应量。

2. 元分析的优势

元分析被认为是证据等级最强的研究方法（Jonas，2001）。Lipsey 和 Wilson（2000）论述了元分析的四个优势：

（1）元分析能够以一种明确且系统化的过程回顾已有研究，帮助读者或其他研究者评估元分析的假设、过程、证据以及结论；

（2）与使用定性的摘要或投票法所得到的统计学意义相比，元分析能够为已有研究提供一种更加差异化的高水平综述；

（3）元分析所产生的合成效应估计比单个研究更具有统计学效力，而且允许进行相关研究特征项的差异性效应检验；

（4）元分析能够为大量原始研究的综合提供一种有组织的信息处理方式。

在总结前人观点的基础上，Abrami 和 Bernard（2006）系统化地提出了元分析研究方法的十大优点，分别为：

（1）使用效应量（Effect Size）回答相关的问题；

（2）系统地探索了效应量中变异的来源；

（3）将重心放在各研究的比较而不是聚焦于个别的研究，可有效地控制研究的内在效度；

（4）元分析的目的是统整一大群的个别研究，其研究结果具有外在效度或推论性；

（5）当大量的个别研究被分析时，元分析增加了统计力（Statistical Power）；

（6）一般来说，每一个原始研究效应量的权重是根据研究的样本大小计算，大样本的研究可以获得较高的权重；

（7）当更新元分析时，可以加入新发表的个别研究，也可以删除原先不适用的研究而获得具有时效的结果；

（8）当个别研究的整合显现出可能的新研究方向时，研究者可以在未来的分析中增加新的研究变量；

（9）为了一些特殊的目的，可以对所收集的部分资料做多次分析，如关于远程学习中同步、非同步的研究等；

(10) 允许对“什么是我们已经知道的”、“什么是我们不知道的”，以及“什么是我们需要知道的”做出评论。

总的来说，本研究认为，元分析具有以下优势：

(1) 以一个共同尺度表示已有实验效应强度或关联强度。元分析把已有研究的效果合成一个“共同的尺度”(Common Scale)——效应量，用以表示研究实验效应强度或者变量关联的强度。

(2) 元分析的研究结果具有很强的“解释力”。通常来说，元分析使用效应量的大小来解释研究结果。为了更清晰地解释效应量所表达的含义，元分析研究者们还引入了 U_3 统计量。同时，U_3 统计量也可以转化为百分点增量。

(3) 元分析既可以梳理已有研究的现状，也可以提供新的研究方向。元分析研究作为定量的系统化文献综述方法，以系统、严谨、清晰、客观和透明的过程与方法，既能定位“我们在哪里”，又能指明“我们将去哪里”，也就是说，元分析方法既可以帮助研究者梳理已有研究的现状，也可以为该领域的研究提供新的方向。

(4) 元分析总效应量的计算与分析，能够帮助该领域的研究者了解已有研究的成果；而调节变量分析能够帮助研究者关注已有文献的不足之处，继而找到新的研究方向，同时有助于了解个别研究无法发现的趋势。

2.2.3 元分析的过程与方法

元分析常见的实施方法有六种，分别为：Hedges 和 Olkin(1985)的同质性检验方法；Lispey 和 Wilson(2000)的元分析法；Altman，Egger，Smith 和 Altman 等(2001)的方法；Higgins 和 Green(2008)的方法；Cooper，Hedges 和 Valentine(2009)的方法以及 Cooper(2009)的方法。接下来简要介绍这六种实施方法的步骤。

1. 常见元分析实施方法概述

Hedges 和 Olkin(1985)在其书中提出元分析的十个步骤：(1) 确定研究主题；(2) 收集相关文献及研究报告；(3) 建立筛选研究的标准；(4) 筛选可用的研究报告；(5) 检验出版误差；(6) 确定调节变量，并开发编码表；(7) 提取研究特征项和计算效应量的统计项；(8) 计算每一个研究之效应量；(9) 同质性检验；(10) 撰写研究报告。

Lipsey 和 Wilson(2000)在其书中提出元分析的七个步骤：(1) 确定课题；(2) 收集文献；(3) 质量评定和筛选；(4) 文献编码；(5) 资料的综合；(6) 灵敏度

分析;(7) 总结成文。

Altman 等(2001)认为元分析应该包含八个步骤:(1) 提出要评价的问题;(2) 确定纳入和排除标准;(3) 查询研究(制定检索策略);(4) 选取研究;(5) 评估研究的质量;(6) 提取数据;(7) 分析和表达结果;(8) 解释结果。

Higgins 和 Green(2008)出版的 *Cochrane Handbook for Systematic Reviews of Interventions* 中提出元分析的十个步骤:(1) 提出要评价的问题;(2) 研究的纳入及排除标准;(3) 制定检索策略并检索研究;(4) 筛选研究和收集资料;(5) 评估纳入研究的偏倚风险;(6) 分析数据并进行元分析;(7) 解决报告偏倚;(8) 陈述结果和制作摘要表格;(9) 解释结果与得出结果;(10) 完善和更新等。

Cooper 等(2009)认为元分析包含六个步骤:(1) 问题形成;(2) 文献检索;(3) 数据评估;(4) 数据分析;(5) 结果解释;(6) 公开发表。Cooper(2009)提出元分析的七大步骤:(1) 问题形成;(2) 文献检索;(3) 数据收集;(4) 研究质量评估;(5) 分析并整合研究结果;(6) 解释证据;(7) 呈现结果。

综合分析可以发现,常见的元分析方法基本相同,主要是在描述实施步骤时详略有差异。其核心步骤与实验研究的路径基本一致:研究设计、筛选样本、数据收集、数据分析以及撰写研究报告。

2. 元分析的研究设计与方法概述

为便于理解,本研究借鉴实验研究的实施过程和方法,归纳了元分析的过程和方法,主要包含:研究设计、文献检索与筛选、文献编码、数据分析及整合数据以及呈现研究结果和撰写研究报告五个阶段。

1) 研究设计撰写

元分析的研究设计部分同实验研究类似,首先,借助 PICO(Population, Intervention, Comparison, and Outcome)法则明确研究问题。其次,定义变量,给出操作性定义。再次,选择研究样本,由于元分析的样本就是原始的实验研究,所以,选择研究样本部分就是制定文献检索策略和编制纳入纳出标准。最后,开发研究工具。元分析除能够合成某一主题的整体成效外,还能够探究整体成效是否受到其他因素的影响。这些因素被称为调节变量,确定调节变量后,研究者开发编码表。

一般来说,编码表主要包含两个部分:一部分是对各项研究的特征方面(研究描述项)进行编码,另一部分是对研究得到的经验结果信息(效应量)进行编码。其中,研究描述项可以进一步被分为两部分:一部分是能够代表所研究对象的一类特征,另一部分是代表研究方法的一类特征(Lipsey and Wilson, 2000)。

为了方便进行编码，研究者们区分各个研究描述项，具体来说，研究描述项又可以分为三类：一是与研究的实质性方面相关联的描述项，主要包含样本来源、样本描述项、自变量的相关描述项等；二是与研究的方法和步骤相关的描述项，主要包含抽样步骤或方法、调查设计、自然消减、对外在效度的威胁、统计功效、测量的性质、数据分析的形式、自变量等；三是来源描述项，主要包含出版的形式、出版的年份、出版的国家、研究的发起方和研究者的特征等（Lipsey and Wilson，2000）。

2）文献检索与筛选（选择样本）

本阶段的主要任务是选择符合条件的样本。对于元分析来说，就是进行文献检索与筛选。第一步是文献检索。为保证元分析的全面性，一般来说，首先要用关键词在电子数据库进行检索，然后，采用手动检索的方式检索该领域关键期刊，同时，还要在网络进行检索。另外，为了保证纳入文献的全面性，研究者也可以通过非正式的渠道（例如发邮件等）联系一些领域专家获取最直接的文献。

文献检索初步完成之后，要进行文献筛选。在正式文献筛选之前，研究者需要制定文献的纳入纳出标准。一般来说，制定纳入纳出标准主要考虑研究主题是否符合研究问题、研究设计、发表时间、使用语言、报告完整性等。

一般来说，文献检索需要至少两名在该领域比较有经验的研究者参与。文献筛选的过程主要依据先前制定的纳入纳出标准，首先，检查重复的文献；其次，通过阅读文献标题和摘要筛选文献；再次，通过正文内容筛选文献。如果缺少正文内容，研究者还要通过邮件等非正式方式联系原作者或通过学校图书馆文献传递等方式获取文献。文献筛选的过程在撰写研究报告时要进行论述，同时也要使用图示化的方式表达，可参考“系统化文献综述与元分析报告的标准”（Preferred Reporting Items for Systematic Reviews and Meta-Analyses，简称 PRISMA）（Moher 等，2009）。

3）文献编码（数据收集）

对于元分析来说，文献编码类似实验研究的数据收集工作。为了保证文献编码的信度，一般来说，进行文献编码需要不少于两个人。编码完成之后，要进行编码者一致性分析。有时候，考虑到文献数量较大，研究者会在编完一定数量的文献之后就进行编码者一致性分析；确定编码者的一致性在允许范围内之后，剩余的部分可对半完成。研究者要确定独立比较的类型，一般来说，教育研究领域通常以实验作为独立比较的类型。而医学领域、心理学领域还会以研究团队或者实验样本的选取作为独立比较的类型。在编码过程中，原始文献可能还会析出相关的原始文献，研究者需要把该文献纳入到分析中。这属于文献检索的一部分，即“参考文献回溯”。

4）分析及整合数据（数据分析）

常见的元分析专业数据分析软件有：CMA，STATA，SAS（金勇进，1999）。元分析包含两类变量：(1) 效应量，它们通常是被主要关注的变量，构成了元分析的因变量；(2) 描述性变量，它们刻画了效应量及生成它们的诸项研究的特征，构成元分析的自变量。在数据分析过程中，通常首先描述所选项的多个效应量集合（如均值和方差）的分布，然后利用诸如细类表、方差分析比较、多元回归方程等类似方法来检验诸效应量与关注的描述项变量之间的关系（利普西，2008）。

5）呈现研究结果和撰写研究报告

完成数据分析后，就要进行结果的描述与讨论，主要包含：(1) 描述性统计；(2) 计票和合并显著性水平；(3) 总体效应量；(4) 分析效应量的影响；(5) 交互作用的描述。美国心理学会规定了“元分析报告标准”（Meta-Analysis Reporting Standards，简称 MARS）。这一标准被收录在《APA 格式：国际社会科学学术写作规范手册》中（American Psychological Association，2010）。MARS 标准主要包含题名、摘要、引言、方法、结果和讨论六部分，每一部分都采用条目的方式进行内容说明，其中，方法部分包含纳入和排除的标准、中介变量及中介变量分析、搜索策略、编码程式以及统计方法五个子部分。

2.2.4　对元分析的批判与回应

元分析虽然被认为是最好、最常用的整合已有研究结果的方法（Bernard，Borokhovski，and Tamim，2014；Grgurović 等，2013；Lipsey & Wilson，2000），但是一直以来颇受争议。很多研究者对其提出了各种各样的批评（Borenstein 等，2009），然而核对元分析研究设计报告标准不难发现，这些批评都是缘于对元分析这一研究方法的不了解。具体来说，主要有以下五种批判。

1. “一个数字难以概括一个研究领域”

元分析方法受到的最常见的批评是：此研究方法似乎只关注总效应强度，忽视对不同研究情境和研究对象的关注，一个数字难以概括一个研究领域。虽然元分析非常关注总效应强度，但从一般意义上来说，元分析不仅仅是简单地报告一个合成效应。

事实上，在计算总效应量之前，元分析会进行异质性检验。若纳入的原始研究之间异质性检验结果没有显著性差异，则合成效应可以说明问题；若纳入的原始研究之间异质性检验结果呈现显著性差异，则元分析研究的侧重点会转移到异质性上去，同时进行分组检验或者调节变量分析，以分析不同调节变量水平之间的效应强度，再进行合理的解释。

2. “文件抽屉问题违背了元分析研究的原理”

对元分析的另一个批评是，即使对所纳入原始研究的效应进行合成在数理统计上是可行的，但是纳入研究本身可能就存在误差，那么元分析所合成的平均效应量就会出现偏倚，特别是“发表偏倚问题”：实验研究结果呈现显著性的报告容易发表，而研究结果不显著的往往不容易发表。这确实是人们应该担心的问题，因为发表偏倚的问题，元分析的合成效应可能会被高估。

对于综合已有研究成果的研究来说，不论是叙述性文献综述，还是系统化文献综述，都存在发表偏倚的问题。然而，元分析研究关注了发表偏倚存在的问题以及降低发表偏倚对合成效应造成的影响。从某种程度上来说，元分析研究方法在降低发表偏倚方面做出了很大的努力，更为重要的是，从最初的文献检索开始，元分析研究就考虑了发表偏倚的问题。一般来说，元分析要求尽量能够纳入学位论文、会议论文以及研究报告等未公开发表的研究。

3. “苹果和橙子合并”

元分析的另一个常见批评是，在同一个元分析研究中，研究者合并了不同类型的研究，容易造成“苹果和橙子”混在一起讨论的现象，这会使研究者忽略原始研究之间的差异。但事实上，元分析的魅力在于它所关注的问题不是“苹果和橙子”的问题，而是“水果”的问题。原始研究在研究情境、研究对象等方面存在差异，但是就元分析而言，它所提出的问题是较为宽泛的问题。元分析研究的意义与重要性就在于此，它能够通过异质性检验发现原始研究之间的一致性，并能够评估合成效应和分组效应的结果。因此，元分析研究者必须清醒地记住自己在研究“水果”的问题，在分析和解释研究结果时，要关注不同类型的“水果”之间的差异。

4. “垃圾进，垃圾出”

很多人对元分析的批评在于纳入研究的研究质量。若纳入了低质量的研究，其所带来的研究结果的信度和效度问题会影响元分析研究结果。这一问题通常难以发现。然而，与其批评元分析存在“垃圾进，垃圾出”的问题，不如将元分析的研究过程看成是“垃圾控制”的过程。

在开展元分析之初，研究者就会预先确定研究的纳入纳出标准，这些纳入纳出标准往往基于一定的研究质量而设定，例如，研究设计、发表期刊的水平等。而且，原始研究的质量既可以作为纳入标准，也可以作为研究特征项进行调节变量分析，还可以作为原始研究效应量权重的依据，同时也可以作为预测效应量大小的指标等(Abrami and Bernard, 2012; Bernard 等, 2009)。

5."重要的研究被忽视"

元分析还受到的一个批评是,重要的研究在元分析中往往被忽视。具有研究样本量大、研究设计好、研究质量高等特征的研究往往被认为是重要的研究。然而,元分析预先确定了清晰、系统的纳入纳出标准,并充分考虑研究的重要性、研究质量和造成各种偏倚的因素。同时,元分析可以使用不同方法对所纳入研究进行应有的"关注",例如,将异质性检验、研究质量作为原始研究效应量的权重,将研究质量作为研究特征进行调节变量分析,或将样本量作为原始研究效应量的权重等。

2.3 "再分析"的概念、方法及研究现状

2.3.1 "再分析"的概念和方法

由于元分析研究数量的急剧递增,研究者们开始整合元分析的研究结果(Becker and Oxman, 2008),即对元分析进行"再分析"(或称"再评价")。这种整合元分析的研究方法的英文名主要有 Meta-Meta-Analysis, Meta-Synthesis, Overview, Second-Order Meta-Analysis, Tertiary Review, Umbrella Review 和 Research Synthesis 等(Becker and Oxman, 2008; Hattie, 2009; Kazrin, Durac, and Agteros, 1979; Polanin 等, 2017)。考虑到该研究方法名称的辨识度以及与"元分析"这一名称的连续性,本研究将这一研究方法称为"再分析"。早在元分析概念(Glass, 1976)提出的第四年,即 1979 年,Kazrin 等就开始倡导使用"再分析"研究方法来评估心理治疗措施的结果。Kazrin 等(1979)指出,元分析是对原始研究的分析,而再分析是对元分析的分析。在医疗卫生领域,"再分析"是指对同一潜在健康问题的两个或多个潜在干预措施的对应元分析进行再次分析(Becker and Oxman, 2008)。类比在医疗卫生领域中的定义,在教育研究领域,"再分析"是指针对某一教或学问题的两个或多个潜在干预措施效果的多个元分析进行综合分析。

在考虑运用"再分析"方法对某一研究问题进行研究之前,首先需要了解是否已有大量的元分析存在。如果没有的话,需要先进行元分析。目前还没有关于再分析研究需要多少个元分析的规定。再分析与元分析较为相似,也要随着元分析的更新而更新,但再分析纳入的是元分析而非原始研究。Becker 和 Oxman(2008)从研究目的、纳入标准、文献检索与筛选、数据收集、评价局限性、证

据质量评价以及结果分析等七个维度比较了元分析和再分析在方法学上的差异，如表 2-2 所示。由此可见，再分析与元分析的研究方法和过程基本一致，主要在于分析对象的不同。

表 2-2 元分析与再分析的比较

维度	元分析	再分析
研究目的	从干预措施效果的原始研究中总结证据	从干预措施效果的元分析中总结证据
纳入标准	描述原始研究的纳入标准和排除标准	描述元分析的纳入标准和排除标准
文献检索与筛选	全面检索和筛选相关的原始研究	仅检索和筛选相关的元分析
数据收集	从原始研究报告中收集数据	从元分析研究报告中收集数据
局限性	针对纳入原始研究存在的偏倚风险	针对纳入元分析存在的局限性①
证据质量评价	主要依靠纳入原始研究的报告	主要依靠纳入元分析的报告
数据分析	对纳入原始研究的研究结果进行合并	对纳入元分析的研究结果进行合并

Becker 和 Oxman(2008)以及 Polanin 等(2017)分别对医疗卫生领域和教育领域的再分析研究过程和方法以及报告标准进行了规定。Becker 和 Oxman (2008)规定再分析报告的正文部分需包含六个一级标题，分别为：(1) 研究背景，主要论述研究内容及重要性，描述已有的干预措施、干预措施的作用原理以及再分析的意义；(2) 研究目的；(3) 研究方法，主要报告纳入标准、检索策略、数据收集和分析以及数据合成，其中，数据收集和分析主要报告文献筛选的过程和方法、数据提取与管理以及纳入元分析的方法学质量评价；(4) 研究结果，主要报告纳入元分析的描述性统计信息、纳入元分析方法学质量以及干预措施效果；(5) 讨论，主要报告主要结果、证据的全面性和适用性、证据质量、再分析过程中的潜在偏倚等；(6) 研究结论，主要报告实践意义，针对这一研究问题潜在的、重要的干预措施而未开展的元分析，以及未来研究的建议和方向。

而 Polanin 等(2017)通过对教育研究领域的 25 个再分析研究进行分析，总结了再分析的实施标准和报告标准。其中报告标准的正文部分也包含六个一级标题，分别为：(1) 引言，主要论述开展再分析的缘由、对即将研究的问题的讨论以及已有研究；(2) 研究问题；(3) 研究方法，主要报告是否制定研究计划、纳入元分析的标准、文献检索方法与策略、文献检索过程、文献筛选以及数据收集；(4) 纳入元分析的方法学质量评估，主要报告纳入元分析的质量和潜在偏倚、元

① 如元分析是否更新及时，纳入的元分析是否与再分析的研究目标一致等。

分析的重叠、元分析的更新;(5) 合成研究结果,主要报告描述性结果和定量合成结果;(6) 讨论与结论,主要报告研究发现、研究存在的不足以及研究结论。

总的来说,再分析研究的过程和方法、研究报告的撰写标准与 Moher 等(2009)提出的系统化文献综述和元分析报告类似。而且,与元分析研究类似,再分析研究需要研究和报告纳入元分析的方法学质量和潜在的偏倚。本研究的研究过程和报告撰写均借鉴了 Becker 和 Oxman(2008)和 Polanin 等(2017)关于再分析研究过程和方法以及研究报告撰写规范。

2.3.2 教育研究领域已有“再分析”

到目前为止,教育研究领域最有影响力的“再分析”是《可见的学习》(Hattie, 2009),该研究整合了与影响学业成就相关的 800 多个元分析,涉及原始研究 5 万余个、学生 2.36 亿人,并将影响学业成就的因素归纳为六类,分别为:学生、家庭、学校、教师、课程和教学。最终评估了影响学业成就的 138 个因素(变量)及其排名列表。Hattie(2009)的研究发现,影响学业成就的效应量的算术平均值为 0.4。他认为这一平均值概括了教育中所有可能的影响因素对学业成就所产生的一般效果,将效应量 0.4 作为判断教育效果的“基准点”。Hattie 所在团队在 2012 年和 2015 年分别更新了这一研究,纳入元分析数量分别达到 900 多个和 1 200 多个,影响因素扩增至 150 个和 195 个。而 Schneider 和 Preckel(2017)整合了 38 项元分析,得出了影响高等学校学习者学业成就的 105 个因素(变量)。

Hattie(2009)的研究将“计算机辅助教学”、“基于网络的学习”、“交互式视频法”、“视觉/视听方法”、“模拟”和“程序教学”纳入“技术应用的实施”的“教学方法”维度之下,将“远程教育”纳入“实施校外学习”的“教学方法”之中。Hattie(2009)的分类方式与 Moore(1973)关于教育两大“家族”的论述基本一致,但是 Hattie(2009)并未采用这种表述方式,而是将“远程教育”作为“实施校外学习”的一种教学方式。该研究将导学、CMI、模拟、丰富化、编程教学和问题解决全部纳入“计算机辅助教学”中。事实上,Hattie(2009)研究中的“计算机辅助教学”(Computer Assisted Instruction)一类实为“计算机辅助教育”(Computer-Based Education)。该研究采用算术平均值的方法计算了每一种技术影响学业成就的效应量大小。Hattie(2012)的研究中关于技术对学习影响的分类并没有变化,但是程序教学和远程教育的效应量大小有所变化。Hattie(2015)的研究中关于技术对学习影响的分类更加精细,将“计算机辅助教学”面向不同学习者、学习科目和方式等进行了细化,将“模拟”分类更新为“模拟与游戏”,新增“智能导学系统”、“在线数字工具”、“移动设备”以及“演示文档的使用”四种分类，同时去掉“程序教学”的分类。

Hattie团队在这一方面的研究一直在更新，拥有了关于教育学研究领域最大的元分析数据库，其关于不同类型技术在教学中应用的分类也越来越丰富。但是，在其分类中，关于模拟与游戏、远程教育中的内容涵盖仍然可以进一步细分：模拟与游戏虽然在支持教学方面有类似之处，但是它们支持学习发生的路径不尽相同；远程教育的形态、交互方式等在过去几十年中发生了很大的变化，仅仅使用“远程教育”一种分类方式难以说明远程教育对学习者学业成就的影响。

与Hattie(2009,2012,2015)研究不同的是，Schneider和Preckel(2017)在纳入元分析时仅仅纳入了对应主题最大的元分析(通常也是最新的元分析)；同时，该研究限定所纳入的元分析不能仅限于某一学科、某特定群体学生或某一国家学生等。该研究将所纳入的元分析归为两大类：教学相关的因素和学习者相关的因素。其中，教学相关的因素包含：社交互动、激发有意义学习、评估、内容呈现、技术以及课外培训项目；学习者相关的因素包含：智力和先前学业成就、学习策略、动机、人格和学习环境，其中与技术有关的因素分别包含在技术和内容呈现两个维度下。在内容呈现维度，该研究纳入的与技术有关的影响因素包含：通道效应，动态可视化，动画；在技术维度，所纳入的影响因素包含：在线学习，混合学习，基于虚拟现实的游戏，模拟以及智能导学系统，其效应量如表2-3所示。

在Hattie(2009)的研究中，将大于0小于0.15之间的效应强度称为“发展效果”，可认为是学生自然成长的结果；将大于0.16小于0.4的效应强度称为“教师效果”，可认为是接受学校教育的结果；将大于0.4的效应强度称为“期待效果”，可认为是学校或教师实施教育革新的效果；将小于0的效应强度称为“负面效果”。Hattie(2009)的研究发现几乎所有的效应量都是积极的结果，也就是说几乎所有的教学方法能够提高学业成就。基于此，Hattie(2009)建议未来不仅要关注“什么起作用(What Works)”，更要重视“什么起最佳作用(What Works Best)”，这对“再分析”在教育科学研究领域的发展起到了很大的作用。值得注意的是，Hattie(2009)的研究发现，计算机辅助教育的效应量大小与研究发表年份之间并没有显著相关。这与通常所认为的似乎不一致(Lee, Waxman, Wu, Michko, and Lin, 2013)。本研究将继续研究元分析总效应量与发表年份之间的关系。另外，Hattie(2009)的研究通过调节变量分析的结果研究每一种影响因素对学习影响的关键特征，为每一种技术应用于教学提供最佳证据。本研究也将采用这种方法来研究有效教育技术的关键特征。

表 2-3　已有教育研究领域"再分析"中技术对学习影响的效应量

技术在教育中的应用	Hattie (2009)	Hattie (2012)	Hattie (2015)	Schneider and Preckel(2017)
计算机辅助教学	0.37	0.37	0.45	—
计算机辅助教学（特殊学习者）	—	—	0.57	—
计算机辅助教学（大学生）	—	—	0.44	—
计算机辅助教学（高中生）	—	—	0.30	—
计算机辅助教学（小学生）	—	—	0.44	—
计算机辅助教学（写作）	—	—	0.42	—
计算机辅助教学（数学）	—	—	0.30	—
计算机辅助教学（阅读/语言）	—	—	0.26	—
计算机辅助教学（科学）	—	—	0.23	—
计算机辅助教学（其他学科）	—	—	0.55	—
计算机辅助教学（小组）	—	—	0.21	—
智能导学系统	—	—	0.43	0.35
基于网络的学习	0.18	0.18	0.18	—
交互式视频法	0.52	0.52	0.54	—
视觉/视听方法	0.22	0.22	0.22	—
模拟	0.33	0.33	—	0.41
模拟与游戏	—	—	0.37	—
游戏（虚拟现实）	—	—	—	0.51
程序教学	0.24	0.23	—	—
远程教育	0.09	0.11	0.13	—
在线学习	—	—	—	0.05
混合学习	—	—	—	0.33
在线数字工具	—	—	0.32	—
概念图	0.6	0.6	0.6	0.36
移动设备	—	—	0.29	—
演示文档的使用	—	—	0.26	—
冗余效应[1]	—	—	—	0.38

续表

技术在教育中的应用	Hattie (2009)	Hattie (2012)	Hattie (2015)	Schneider and Preckel(2017)
通道效应[2]				0.26
动画	—	—	—	0.37
技术支持的小组学习	—	—	—	0.16

注：1. 该研究关注"可视化＋声音解说"与"可视化＋字幕"方式比较；2. 该研究关注"声音解说＋字幕"与"声音解说"方式比较。

2.3.3 教育技术研究领域已有"再分析"

本研究所搜集到的专门研究技术对学习影响的"再分析"有八个，其基本信息如表 2-4 所示，研究中技术类型涉及：计算机辅助教学（Kulik，1994）、计算机辅助语言学习（Computer Assisted Language Learning，简称 CALL）（Felix，2005；Plonsky and Ziegler，2016）、技术（Bernard 等，2014；Higgins，Xiao，and Katsipataki，2012；Tamim 等，2011；Young，2017）以及远程教育（Bernard，Borokhovski，and Tamim，2014），有专门面向中小学的（Higgins，Xiao，and Katsipataki，2012），也有面向大学的（Bernard 等，2014），同时，有专门针对语言学习的（Felix，2005；Plonsky and Ziegler，2016），也有针对数学学习的（Young，2017）。另外，Felix（2005），Higgins、Xiao 和 Katsipataki（2012）以及 Bernard、Borokhovski 和 Tamim（2014）并未给出技术影响学习的合成效应量，仅进行定性的描述性分析，其余均为合成效应量。

表 2-4 教育技术领域已有"再分析"的基本信息

标识项	技术类型	年级	科目	N	ES
Kulik(1994)	CBI	不限	不限	12	0.35
Felix(2005)	CALL	不限	语言	8	—
Higgins 等(2012)	技术	中小学	不限	45	—
Tamim 等(2011)	技术	不限	不限	25	0.35
Bernard 等(2014)	技术	大学	不限	13	0.393
Bernard, Borokhovski, and Tamim(2014)	远程教育	不限	不限	15	—
Plonsky and Ziegler(2016)	CALL	不限	第二语言	14	0.512
Young(2017)	技术	不限	数学	19	0.38

注：N 表示纳入的元分析数量；ES 表示合成的效应量；—表示该研究中未计算合成效应量。

J. A. Kulik(1994)整合了12项基于计算机的教学(Computer Based Instruction，简称CBI)有效性的元分析发现，CBI对学业成就的效应量为0.35。同时，该研究也论述了CBI对教学时间、对教学的态度、对计算机的态度和对课程态度的影响。该研究采用Slavin(1989)的分类方式，将97个关于CBI原始研究分为计算机辅助教学(Computer Assisted Instruction，简称CAI)、计算机管理教学(Computer Managed Instruction，简称CMI)、模拟、丰富化、编程以及Logo语言用于问题解决六种分类。因此，J. A. Kulik(1994)的研究既对元分析进行了再分析，也对元分析的原始研究进行了元分析。

Higgins，Xiao和Katsipataki(2012)整合了1990—2012年发表的关于数字技术对中小学生学习影响的元分析，该研究并未对纳入的45项元分析进行分类，也未对纳入的元分析效应量进行合成，而是对纳入元分析研究结果进行了定性的描述，主要从个体使用还是协作使用、技术使用的时长、技术应用于补习和辅导、技术用于辅助传统教学还是替代传统教学、学科以及教师专业发展和培训等六个方面来分析数字技术对中小学生学习的影响。该研究发现，通常情况下，小组协作使用技术的效果要比个体使用的效果更好；一学期每周使用三次这种方式更有助于提升学业成就；技术应用于补习和辅导对学业成就有困难的学生来说是有帮助的；技术用于辅助传统教学的效果比替代传统教学的效果好；相比较语言类课程学习，技术应用于数学和科学课程的学习效果往往比较好，但是在语言类课程中，技术应用于写作的效果比应用于阅读和拼写的效果好；对教师进行培训是一项成功的举措，通常来说，一天的集中培训或者持续的专业探究方法都是最有帮助的。

Tamim等(2011)综合1985年以来发表的25项关于计算机技术使用对学业成就影响的元分析发现，相比较传统教学或未使用计算机技术进行教学对学习影响的效果来说，计算机技术的使用对学习者的学业成就影响的合成效应量为0.35。为了进一步验证这一结论的可信性和重复研究可能造成的重复计算，该研究从25项中提取了13项元分析的574个原始研究，并对这574个原始研究的研究结果进行整合，发现合成效应量为0.33。该研究所纳入的25项元分析主要涉及CBI、CAI、文本处理器、模拟、数字媒体、ICT等对学业成就的影响。研究发现，当技术使用的目的不同时，其对学业成就的影响也会不同：计算机技术作为支持手段应用于教学时比直接用于教学更有效；在中小学课堂中计算机技术的使用对学业成就的影响要比大学课堂中的使用效果显著好；元分析的研究质量之间没有差异。而Bernard，Borokhovski，Schmid和Tamim(2014)综合13项技术整合高等教育的元分析发现，技术整合高等教育对学业成就的平均效应量为0.393。该研究使用Cooper(2009)的七步骤法对元分析研究质量进行评估发现，超过半数的元分析研究存在研究质量“不过关”的问题，并分析了元分析研究质量与效应量之间的关系。

而 Bernard, Borokhovski 和 Tamim(2014)研究了远程教育领域元分析的偏倚来源。该研究将所纳入的 15 项元分析分为远程教育、在线学习以及混合学习三种形式。同时，该研究从“苹果和橘子的问题”、发表偏倚、异常值处理、原始研究质量、效应量重复计算、分析模型的选择以及调节变量等方面分析元分析的偏倚来源及存在的问题。

已有的再分析研究也关注了技术的使用对学习某一学科内容的影响(Felix, 2005; Plonsky and Ziegler, 2016; Young, 2017)。Felix(2005)的研究综合八项包含计算机辅助语言学习的元分析发现，仅有一项研究专门研究计算机辅助语言学习。该研究并未合成效应量，主要从研究方法和研究结果两个方面对八项元分析中关于计算机辅助语言学习部分进行了归纳和总结。而 Plonsky 和 Ziegler(2016)综合了 14 项关于计算机辅助第二语言学习元分析的研究。该研究发现，相比较传统教学来说，CALL 对第二语言学习的合成效应量为 0.512。同时，该研究发现，14 项元分析中主要涉及超链接词汇、以计算机为中介的交流(Computer Mediated Communication, 简称 CMC)、基于游戏的学习以及移动设备辅助语言学习四种类型。本研究还使用 17 项三点李克特量表评估了纳入元分析的严谨性和透明度。Young(2017)综合了 19 项关于技术促进数学教学的元分析，研究发现，技术的使用对数学学习成就影响的效应量为 0.38。该研究将技术促进数学学习分为四类：计算增强技术、教学传递增强技术、内容呈现和模型增强技术以及合成类。

2.3.4 方法学质量的评价工具和方法

虽然元分析能够提供高可信度的研究结果，但这并不意味着元分析研究的研究结果就都是可信的。近年来，由于对基于证据研究的推崇，“粗制滥造”的元分析不断涌现，大量的元分析研究缺乏研究的价值，其研究结果容易误导研究者、实践者，甚至决策者(Ioannidis, 2016)。尽管元分析研究结果是证据等级较高的来源，但是只有高质量的元分析才可以为研究者、实践者和决策者提供科学的依据。否则，很可能造成误导。因此，对元分析研究质量的关注变得尤为重要。再分析是对元分析的分析，因此，对于再分析来说，关注纳入元分析研究的质量尤为重要。

1. QUOROM 声明和 PRISMA 声明

为了提高元分析研究的透明度和质量，医学研究领域相继制定了

QUOROM(The Quality of Reporting of Meta-Analysis of Randomized Controlled Trials)声明(Moher 等，2000)和 PRISMA 声明(Moher 等，2009)。虽然 QUOROM 声明和 PRISMA 声明可以作为评估研究报告质量的指导方案，但是它们并非评价系统化文献综述和元分析研究质量的工具。

QUOROM 声明是由 Moher 等(2000)对基于随机对照实验的元分析研究报告质量进行了方法学质量的评价，同时，提出了撰写元分析研究报告的标准化报告格式。这一指导方案既可以用于对元分析研究报告的质量进行评价，也可为撰写元分析研究报告提供写作指导和论文评审依据。QUOROM 声明包含一份元分析报告标准核查单(Checklist)和一幅文献检索与筛选流程图(Flow Diagram)。核查单主要涉及摘要、引言、研究方法、研究结果和讨论部分写作的首选方法，其中，"摘要"要求为结构化摘要，"引言"没有子标题，"方法"包含 6 个子标题，"结果"包含 3 个子标题。而流程图主要是要求研究者能够利用可视化的方式呈现文献检索、纳入和排除的数量及排除的结果。QUOROM 声明为研究者开展元分析或评价元分析质量提供了结构式的指导，保障了研究的透明度。QUOROM 声明已被翻译为中文版发表(刘玉秀、章丹、盛梅，2003)。

而 PRISMA 声明是在 QUOROM 声明的基础上，由 Moher 等(2009)对系统化文献综述和元分析研究报告质量进行方法学质量的评价，同时也提出了撰写研究报告的标准化报告格式。与 QUOROM 声明类似，PRISMA 声明也包含一份研究报告核查单和一幅文献检索与筛选流程图。与 QUOROM 声明不同的是，PRISMA 声明在"方法"标题下添加了"研究方案"和"评价研究间偏倚"子标题，以及"资金"标题，同时也对文献检索与筛选流程图的呈现进行了完善。PRISMA 声明也已被翻译为中文版发表(李迅、曹卉娟、刘建平，2009)。

总的来说，由于 QUOROM 声明是针对随机对照实验的元分析研究而发表的，所以相比较而言，QUOROM 声明过于严格，且适用对象仅为基于随机对照实验的元分析，PRISMA 声明更具有普遍性。PRISMA 声明是在 QUOROM 声明的基础上发展而来的，前者关于元分析撰写标准也更为细致。

2. 已有再分析研究中的评估方法及工具

Becker 和 Oxman(2008)提出对纳入元分析质量的评价需要关注两种不同的质量评价方式：一是方法学质量评价，二是证据质量评价。前者是对元分析研究报告质量的评估，后者是对纳入元分析潜在偏倚的评估，但 Becker 和 Oxman(2008)未给出具体的评估工具。而 Polanin 等(2017)则从研究报告质量和偏倚、重叠以及更新三个方面来探讨方法学质量。

在本研究所涉及的十二项再分析中，有七项研究并没有对元分析方法学质量进行评估(Kulik，1994；Felix，2005；Hattie，2009，2012，2015；Higgins 等，2012；Schneider and Preckel，2017)，其余五项均评估了纳入元分析的方法学质量(Tamim 等，2011；Bernard 等，2014；Bernard，Borokhovski，and Tamim，2014；Plonsky and Ziegler，2016；Young，2017)。

Tamim 等(2011)从概念明晰性、元分析过程与方法的全面性以及元分析的严谨性三个维度编制了教育研究领域元分析方法的研究质量评价工具，共计十六个题项，如表 2-5 所示，其中：(1) 概念的明晰性主要是指评估元分析研究报告中关于实验组和对照组定义界定的明晰性；(2) 过程与方法的全面性主要是指文献检索的全面性、纳入纳出标准的可重复性以及纳入研究的代表性；(3) 元分析的严谨性是指文献筛选、效应量提取、编码表介绍、研究特征提取和标准误提取的严谨性，数据独立性的判断方法以及效应量加权的方法的准确性和可靠性。Tamim 等(2011)的研究发现，不同研究质量的元分析效应量不存在显著性差异。

Bernard，Borokhovski，Schmid 和 Tamim(2014)以及 Bernard，Borokhovski 和 Tamim(2014)则根据 Cooper(2009)的元分析“七步法”，采用清单的方式列出每一个元分析的研究偏倚。其中，不存在偏倚记为“√”，存在偏倚记为“×”。相对来说，这种方式只能提供纳入元分析研究偏倚的基本状况，未提供量化的评分方式，不能为合成效应量提供关于研究偏倚量化的数据。更为重要的是，元分析“七步法”仅仅是开展元分析研究的七个典型步骤，而真正开展元分析所需要的步骤达十余项。因此，对研究元分析的研究质量和偏倚来说，用元分析“七步法”评估研究质量的“颗粒度大”，难以达到评估元分析研究质量的效果。

表 2-5 Tamim 等(2011)的元分析方法学质量评估工具

维度	项目	数量
概念的明晰性	①实验组定义的明晰性 ②对照组定义的明晰性	2
过程与方法的全面性	①文献检索的全面性(是否仅限于发表的研究) ②文献检索策略的全面性 ③检索资源的全面性 ④检索数据库的数量 ⑤纳入纳出标准报告是否允许重复 ⑥纳入研究的代表性 ⑦纳入的最新研究与发表时间的间隔	7

续表

维度	项目	数量
元分析的严谨性	①文献筛选过程与方法 ②效应量的提取 ③编码表信息的介绍 ④研究特征项提取 ⑤数据独立性 ⑥标准误的提取 ⑦加权过程与方法的准确性和可靠性	7

相比较 Bernard 所在团队从研究过程和方法来评估元分析研究的质量，Plonsky(2012)则从研究报告的撰写标准来评估元分析研究方法的质量。参考美国心理学会(Cooper, Maxwell, Stone, Sher, and APA Publications and Communications Board, 2008)和 Moher 等(2009)关于元分析报告的撰写规范，Plonsky(2012)从情境的适应性、方法学的严谨性以及研究过程和结果的透明化三个维度编制了评估元分析研究报告的工具。该研究从引言和文献综述、研究方法、结果与讨论三个维度的 22 个项目对元分析研究报告质量进行评估。经过修改和完善，Plonsky 和 Ziegler(2016)对元分析研究报告质量的评价工具已更新为 17 项。其中，引言和文献综述部分包含 3 个题项，主要有：(1) 是否解决了一个明确的问题；(2) 是否考虑到所有潜在的调节变量；(3) 是否呈现了相关的研究。研究方法部分包含 8 个题项，主要有：(1) 文献检索是否全面合理；(2) 纳入排除标准是否明确合适；(3) 是否考虑发表偏倚；(4) 是否报告了编码者的内部一致性；(5) 是否评估了原始研究质量；(6) 来自同一样本或研究的效应量是否处理合理；(7) 效应量采用的加权方式是否合理；(8) 是否呈现编码表。结果与讨论部分包含 6 个题项，主要有：(1) 研究结果是否报告了误差，如置信区间等；(2) 是否添加了新的知识；(3) 研究结果的解释是否适当；(4) 研究发现是否与已检验的特定理论与模型相关；(5) 是否讨论了实践应用；(6) 研究发现是否为未来研究提供实质的和方法学的建议。每一题项使用李克特三点量表的方式评估元分析的严谨性和透明度，三个选项分别为：不是、少许、是，评分依次为：0、1、2。

Young (2017) 则使用 R-AMSTAR (Revised Assessment of Multiple Systematic Review)工具对所纳入的元分析质量进行评估。R-AMSTAR 工具是 Kung 等(2010)改编自 Shea 等(2007)的用于评价系统化文献综述的工具(Assessment of Multiple Systematic Review，简称 AMSTAR)。R-AMSTAR 和 AMSTAR 的结构一致，都包含 11 个题项，而前者在后者的基础上对评分标

准进行了细化。AMSTAR 的每一题项的选择项分为：是、否、不清楚以及未采用，而 R-AMSTAR 的每一题项给出 2～4 个描述，若有 3 个描述项，则其评分项为：满足 0 项得 1 分，满足 1 项得 2 分，满足 2 项得 3 分，满足 3 项得 4 分。这 11 个题项分别涉及：(1) 是否提供前期研究设计方法；(2) 纳入研究的筛选和编码提取是否具有可重复性；(3) 是否进行了全面的文献检索；(4) 是否纳入灰色文献；(5) 是否报告了纳入和排除研究的列表；(6) 是否报告了纳入研究的基本特征；(7) 是否报告了纳入研究的研究方法特征；(8) 是否考虑纳入研究的方法学质量；(9) 是否考虑合成效应量的统计分析方法的准确性；(10) 是否考虑发表偏倚；(11) 是否考虑纳入研究潜在的资助来源。AMSTAR 工具已被翻译为中文版(熊俊、陈日新，2011)。

2.3.5 已有研究述评

综上所述，本研究发现，已有的再分析在研究主题的全面性、效应量的计算方法、方法学质量的评价工具以及学习结果等四个方面存在不足，具体如下。

1. 聚焦于媒体呈现、认知工具与教学系统、远程教育和在线学习三个方面

从已有再分析所归纳的主题可以看出，过去已有的元分析研究主题主要包括：

1) 多媒体学习的有效性

多媒体学习的有效性主要是指内容呈现方式对学习者学习的影响大小。内容呈现方式对学习的影响(Schneider and Preckel, 2017)主要有图像、动画、动态可视化、超文本、教学代理等多媒体学习或超媒体学习方式，如表 2-6 所示。Schneider 和 Preckel(2017)将这一主题的研究归入到“教学变量”中的“呈现”(Presentation)。根据 Kozma(1991)关于媒体的定义可知，内容呈现方式(即符号系统)可通过影响学习内容的心理表征方式(言语表征或图像表征)，进而影响学习者的认知加工方式。本研究也将这一主题统称为“符号表征”。

表 2-6 已有再分析所涉及的研究主题

研究主题	子主题	所涉及的再分析
多媒体学习(符号表征)	冗余效应	Schneider and Preckel(2017)
	通道效应	Schneider and Preckel(2017)
	动画	Schneider and Preckel(2017)

续表

研究主题	子主题	所涉及的再分析
工具与系统	程序教学	Hattie(2009，2012)，Kulik(1994)
	视觉/视听法	Hattie(2009，2012，2015)，Kulik(1994)
	CAI	Hattie(2009，2012，2015)，Kulik(1994)
	ITS	Hattie(2015)，Schneider and Preckel(2017)
	模拟与游戏	Hattie(2009，2012，2015)，Schneider and Preckel(2017)
	在线数字工具	Hattie(2015)
	概念图	Hattie(2009，2012，2015)，Schneider and Preckel(2017)
	移动设备	Hattie(2015)
	演示文档	Hattie(2015)
	小组学习	Schneider and Preckel(2017)
时空拓展	远程教育	Bernard，Borokhovski，and Tamim(2014)，Hattie(2009，2012，2015)
	在线学习	Schneider and Preckel(2017)
	混合学习	Schneider and Preckel(2017)

2）认知工具和教学系统的有效性

不同技术或设备、教学程序、教学系统和认知工具的使用对学习的影响(Kulik，1994；Hattie，2009，2012，2015；Schneider and Preckel，2017)主要有计算机辅助教学、智能导学系统、概念图、文字处理器、基于模拟的学习、基于游戏的学习以及移动设备支持的教与学等，如表 2-6 所示。Hattie 的系列研究将这一主题研究归入到教学方法之下的“技术应用的实施”，与此类似，Schneider 和 Preckel(2017)将这一主题的研究归入到“教学变量”中的“技术”(Technology)。根据 Kozma(1991)关于媒体的定义可知，技术本身并不直接对认知产生影响，主要为媒体所支持的符号系统和处理能力“赋能”。对于不同技术或设备、教学程序、教学系统和认知工具来说，其对学习造成的影响除了源于符号系统外，还来自处理能力的不同。本研究也将这一主题统称为“工具与系统”。

3）远程教育与在线学习有效性

远程教育、在线学习和混合学习对学习的影响(Bernard，Borokhovski，and Tamim，2014；Hattie，2009，2012，2015)如表 2-6 所示。这一主题的相关研究主要关注远程教育和在线学习相比较传统面授教学对学习者学业成就的影响。Hattie 的系列研究将这一主题研究归入到教学方法之下的“校外实践”。相比较面授教育来说，远程教育和在线学习是关于技术支持的教与学时空分离的教学实践。本研究也将这一主题统称为“时空拓展”。

在纳入的12项再分析中，仅Hattie的系列研究可以称得上纳入了过去已有的技术影响学习的元分析，而多数研究或侧重于某一种形态的技术，例如，计算机技术(Tamim等，2011)或者数字技术(Higgins等，2012)；或关注技术对某一学科学习的影响，例如，语言(Felix，2005；Plonsky and Ziegler，2016)或者数学(Young，2017)；或关注技术对某一阶段学习的影响，例如，中小学(Higgins等，2012)或者大学(Bernard等，2014)；或仅研究远程教育的影响(Bernard，Borokhovski，and Tamim，2014)。已有的“再分析”关注的“技术”形态和“情境”所覆盖的范畴多样，缺乏系统性和全面性，但是教育技术的发端可以追溯到20世纪初的视觉教学，之后，特别是过去半个世纪以来，教育技术的形态经历了巨大的变化(Spector and Ren，2015)。

针对这一问题，Tamim等(2011)主张对这一问题整个历史阶段的文献进行综合。他们提出两种方式：一是针对全部文献开展综合性的元分析，也就是对过去半个多世纪以来关于技术影响学习的原始研究成果进行全面综合系统的分析；二是开展再分析以综合过去已有的发现，判断未来的发展趋势。第一种方式操作性不强，是一项过于耗时、耗精力的研究，相比较而言，第二种方式更具有可行性，而且能够为研究发现提供更充分的效力(Power)。虽然Hattie的系列研究已经基本上涵盖了过去已经发表的关于技术影响学习的元分析，但该系列研究仅仅将技术应用于学习作为一种教学方法或者一种教学策略进行研究，且并没有单独关注技术支持的教学策略对学习的影响。更为重要的是，其对单独关注技术在教育中的应用形态划分有些笼统，甚至不妥，例如，Hattie(2009)将计算机在教学中的应用全部归为计算机辅助教学(CAI)，而实际上，该研究在CAI维度下所纳入的研究是计算机教育应用(Computer Based Education，简称CBE)，是比计算机辅助教学更为上位的概念。

更值得关注的是，在已有的再分析中，或从符号表征，或从工具与系统，或从时空拓展，或从其中两个方面来研究技术对学习的影响，鲜少对这三个方面进行全面、系统的综合分析。因此，本研究将从这三个方面综合分析技术的使用对学习者学习的影响，归纳总结过去半个世纪中技术在教学中应用的形态，并对教育技术中已有元分析研究主题进行匹配，发现技术应用于教学中的哪些领域还未开展元分析。

2. 合并元分析中的效应量还没有形成统一的方法

在本研究所收集到的教育研究领域(包括教育技术研究领域)的12项再分析中，除Felix(2005)、Higgins等(2012)以及Bernard，Borokhovski和Tamim

(2014)的研究是定性的综合分析,未给出合并元分析中效应量之外,其余再分析均报告了合成所纳入元分析效应量以及方法。总的来说,已有再分析合成元分析中效应量的方法主要有三种:

1) 采用最新元分析的总效应量

此种方法采用某一主题最新元分析或者规模最大元分析的总效应量作为这一主题的效应量(Schneider and Preckel, 2017),例如,Schneider 和 Preckel (2017)中智能导学系统(Intelligent Tutoring System,简称 ITS)的效应量为该主题最新元分析中所报告的总效应量 0.35(Steenbergen-Hu and Cooper, 2014)。

2) 计算算术平均值

此种方法采用所有纳入元分析总效应量的算术平均值(Hattie, 2009,2012, 2015),例如,Hattie(2009)研究中的"程序教学"的合成效应量即为其所纳入的与程序教学相关的研究(C. -L. C. Kulik, J. A. Kulik, and Cohen, 1980; Hartley, 1977; C. -L. C. Kulik, Schwalb, and Kulik, 1982; J. A. Kulik, Cohen, and Ebeling, 1980; Shwalb, Shwalb, and Azuma, 1986; Willett, Yamashita, and Ronaldd, 1983)总效应量的算术平均值 0.24。

3) 计算加权平均值

此种方法采用所有纳入元分析总效应量的加权平均值(Kulik, 1994; Tamim 等, 2011; Bernard 等, 2014; Plonsky and Ziegler, 2016; Young, 2017)。然而,Kulik(1994)和 Bernard 等(2014)均使用纳入元分析的总效应量和标准差合成总的效应量;Tamim 等(2011)使用原始研究样本量的标准误和研究数量的标准误对效应量进行加权合成。

相比较来说,第一种方式可以消减不同元分析中原始研究效应的重复计算,但很难评估所纳入研究为该研究主题下最完整的研究。由于效应量的大小基本不受样本量大小的影响,因此,再分析在计算合成效应量时,可根据所纳入元分析所报告的信息选择合适的方式。对于第二种和第三种方法来说,需要考察所纳入元分析报告的信息。若信息比较全面,则尽量采取第三种方式。

3. 对元分析方法学质量的评价方法还未形成统一的视角和工具

在所搜集到的十二项再分析中,仅有五项再分析关注了所纳入元分析的研究质量。由此可见,已有的再分析对纳入元分析方法学质量的关注还不够。在这五项关注元分析研究质量的再分析中,主要采用两种方式来评估纳入元分析的方法学质量。这两种方式主要是:

1）采用元分析“研究过程和方法”进行评估

经过文献综述得知，采用元分析“研究过程和方法”进行方法学质量评估的有三项研究（Bernard 等，2014；Bernard，Borokhovski and Tamim，2014；Tamim 等，2011）。虽然同是从“研究过程和方法”的视角评估元分析研究的质量，但是该系列研究的方法还可以分为两类。其一是采用 Cooper（2009）的“经典七步骤法”。如前所述，虽然 Cooper（2009）的元分析“七步法”可以描述元分析过程和方法的典型步骤，但真正完成一个元分析研究需要十多个环节。“七步法”是“典型”，而非“关键”。本研究认为，“经典七步骤法”不足以用来评估元分析研究的方法学质量。相比较来说，Tamim 等（2011）设计开发的评估元分析方法学质量工具更为完善、精细，且结构化强。

2）采用元分析“研究报告标准”进行评估

经过文献综述得知，采用元分析“研究报告标准”进行方法学质量评估的有两项研究（Plonsky，2012；Plonsky and Ziegler，2016）。这种评价方法以元分析研究报告标准为依据，以情境的适应性、方法学的严谨性以及研究过程和结果的透明化三个方面为出发点，从“引言和文献综述”、“研究方法”以及“结果与讨论”三个维度的 17 个题项来评价元分析的方法学质量。

值得注意的是，自 Glass（1976）提出元分析的概念和方法以来，元分析研究方法本身经历了重大变化。这些变化不仅表现在统计分析方法的完善，还表现在文献资料的可获得性和丰富性。用同一种评价工具来评估不同年代，特别是发表年代相差较远的研究报告，会存在低估早年研究报告质量的问题。

4. 关注对学业成就的影响，缺乏对学习过程和情感态度学习结果的关注

在纳入的 12 项再分析中，多数仅研究技术的使用对学业成就的影响，缺乏对态度、情感、过程等学习结果的关注。这与原始研究本身缺乏对学习过程和情感类学习结果的关注有关（Wu 等，2013）。然而，学业成就并不是评价技术应用于教学的“黄金标准”（Zhao，Zhang，Lei，and Qiu，2015），关注对学业成就的影响与培养学习者 21 世纪技能的发展目标不相符。Zhao 等（2015）认为技术应用于教学中的价值不在于提升学业成就，而在于提供更好的教育。仅从对学习成就的影响来判断技术的使用对学习的影响是不够的。本研究会关注技术的使用对学习过程和情感态度等学习结果的影响。需要注意的是，由于原始研究中就存在缺乏对学习过程和情感类学习结果的关注这一问题（Wu 等，2013），因此本研究也会面临这样的局限性。

2.4　研究内容与研究问题

2.4.1　基本假设

在“技术的使用能够影响学习者学习”的基本价值判断基础上，根据有效教学的基本原则(Borich，2010；布罗非，2004)，本研究问题设计、研究过程与方法以及研究结果的阐述建立在以下三个基本假设上，分别为：

(1) 每一种技术在教学中所发挥的作用是不一样的，没有任何一种媒体或技术应用于教学中是万能的；

(2) 对于任何一门学科或领域知识的学习，学习者选择适当的技术有助于其学习成效的提升；

(3) 每一种技术在教学中的有效应用都需要进行精细的教学设计和教学活动组织。

2.4.2　研究内容

一直以来，技术对学习的影响缺乏定论，然而，新兴技术带来的“新鲜体验”容易让人们忽视对过去经验和教训的总结和反思(Zhao，Zhang，Lei，and Qiu，2015；程薇等，2015；巴格利，2017)。自1963年视听教育协会成立至今，在过去的半个多世纪里，技术在教育中的应用经历了快速的发展和变化。历史研究可以解释当前存在的社会问题，也可以诠释观念和事件。要回答技术对学习的影响首先要从历史的角度，总结和归纳技术在教育中的发展脉络与角色演变。这是研究技术促进学习有效性的前提。

元分析被认为是证据等级程度最高的研究方法，自1976年由Glass提出以来，在社会科学研究领域得到了广泛的应用。元分析的基本统计量——效应量，可以作为评估技术对学习影响大小的指标。Clark(1983)曾以元分析的研究结果作为证据来论证自己的观点。几十年过去了，关于技术的使用对学习影响的元分析大量涌现。本研究试图整合过去几十年发表的关于技术的使用对学习影响的元分析，以效应量为指标来衡量技术的使用对学习影响的有效性，同时，关注不同技术的使用对学习影响的差异。这是本研究关注的第二项研究内容。

元分析在关注效应量大小的同时，也关注对某一种干预来说，对于谁、在何种情况下、怎么样和为什么起了作用。元分析中的调节变量是指影响不同变量之间关系程度或方向的变量(H. Cooper等，2009)，调节变量的分析可以用来解释某种教学方法或教学策略在何种情况下起作用。在衡量技术促进学习有效性的基础上，本研究总结过去几十年发表元分析的调节变量分析研究结果，归纳和总结技术有效应用于教学中的策略和方法。这是本研究关注的第三项研究内容。

总的来说，本研究主要有三项研究内容：

1. 从历史发展的角度，总结和归纳技术的使用在教育中的发展与演变；

2. 以纳入元分析的效应量为指标，衡量技术促进学习的有效性，以及不同技术对学习影响大小的差异；

3. 以元分析研究结果为依据，总结归纳技术有效应用于教学中的策略和方法。

2.4.3 研究问题

根据文献综述确定的研究内容，本研究聚焦于以下问题：

1. 自视听教学运动以来，教育中技术的发展脉络是怎样的？技术在教育中扮演了怎样的角色？

2. 技术的使用在多大程度上影响了学习者的学习？不同类型技术的作用大小又怎样？

3. 本研究所纳入的元分析为技术有效应用于教与学提供了哪些证据？

第三章

研究设计与方法

本研究主要使用再分析方法对已发表的关于多媒体学习、认知工具和教学系统在教学中应用以及远程教育的元分析进行整合。本研究的实施过程和报告撰写规范参照“系统化文献综述与元分析报告的标准”(Preferred Reporting Items for Systematic Reviews and Meta-Analyses,简称 PRISMA)(Moher 等, 2009)以及 Polanin 等(2017)提出的再分析研究实施和报告的标准。为了厘清视听教学运动以来技术在教与学中的发展与演变,本研究同时采用历史图解法(Martin, 2018)总结和归纳技术在教育中的发展与演变。值得注意的是,元分析研究报告也可以作为历史研究的第二手资料(Siemens, Gašević, and Dawson, 2015)。因此,本研究以再分析为主,历史研究为辅,如图 3-1 所示。

再分析的研究过程主要包含:(1) 制定再分析研究计划,编制纳入纳出标准、编码工具以及文献检索策略等;(2) 文献检索与筛选;(3) 编码者对文献进行编码;(4) 数据整理和分析。历史研究主要包含:(1) 确定研究问题;(2) 搜集和整理研究资料;(3) 总结和评估研究资料;(4) 形成研究结论。

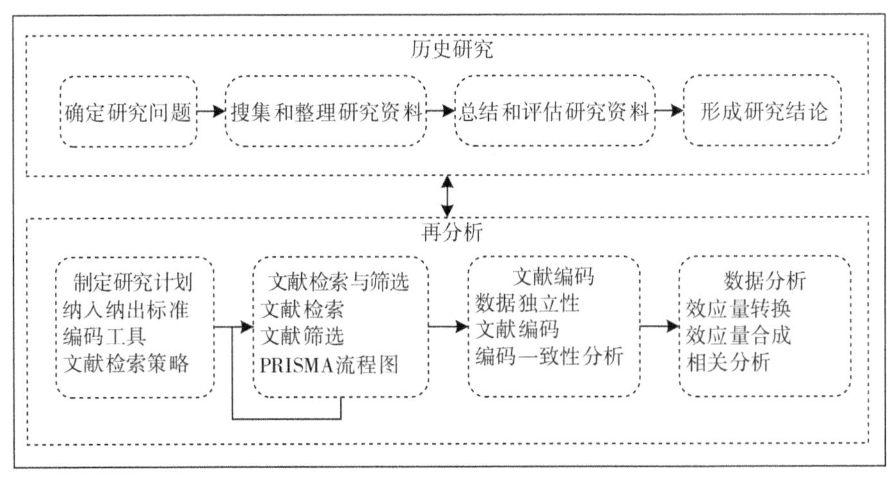

图 3-1 研究主线和研究过程

值得注意的是,虽然研究过程是按照顺序呈现的,但是在实际研究实施的整个过程中,研究者需要不断去回溯已经实施的步骤。例如,文献检索贯穿于整个研究过程之中,要尽可能确保所有符合纳入纳出标准的文献都被检索到。一旦确定有新的文献纳入,就需要对新纳入的文献进行编码和数据提取。

3.1 历史图解法

3.1.1 界定时间段的依据

一般来说，教育技术是随着教育活动的产生而产生的，在很长的时间段内，由于教育技术的缓慢发展，技术在教育中并不是一个"显著"的影响因素(郭文革，2011)。一般而言，学界将视觉教学运动作为现代意义上教育技术的开端(尹俊华等，2002；Spector and Ren，2015)。自此，技术开始作为一种"显在"的因素进入教育研究者的视野，并进一步发展成为一门学科。基于此，本研究编制技术在教育中的时间线将从视觉教学运动为起点，更进一步来说是以电影应用于教学为起点。这是与郭文革(2011)关于教育的"技术"发展史不一致的地方，其研究视野更为宏大和系统，而本研究关注的是狭义上的教育技术的发展历史，是从技术在教育中变革的视角来阐述的，而不是传统教育学理论下的分析框架。

3.1.2 历史资料的来源

首先需要说明的是，本研究在论述技术对学习影响这一问题时，不限制任何的地理因素，但由于美国教育技术的发展最能反映整个教育技术的发展，也往往被用来论述教育技术学科的发展，因此，本研究在搜集相关历史资料的过程中，只搜集了美国教育技术发展的史料。本研究所占有的史料主要来自北京师范大学图书馆、国家图书馆、自购图书以及互联网资源的英文著作。核心史料主要出自美国教育技术史学学者 Larry Cuban(1986)、Paul Saettler(1990)和 Anglin(2011)以及《教育媒体和技术年鉴》(*Educational Media and Technology Yearbook*)。同时，辅以一些介绍技术在教育中的发展历史的著作(Roblyer，2015；Specter and Ren，2015；黄荣怀等，2006；尹俊华等，2002)和期刊论文(Reiser，2001a，2001b)以及计算机历史博物馆的网站[①]，同时，还有国内两位学者的博士学位论文(张立新，2002；宫淑红，2003)。本研究所占有的史料时间跨度完整，符合本研究关于时间段界定的规定。

---

① 计算机历史博物馆的网址为：http://www.computerhistory.org/，而计算机发展历史时间线的网址为：http://www.computerhistory.org/timeline/。

3.1.3 历史阶段划分的依据

自视觉教学运动以来，技术在教育中的应用方式和形态发生了巨大的变化。根据 Kozma(1991)关于媒体定义的方式可知，技术的发展可通过技术的载体、所支持的符号系统以及所实现的处理能力等三种属性进行描述。另外，在所搜集的资料中，Spector 和 Ren(2015)以及 Roblyer(2015)所关注的技术在教育中发展的时间段与本研究较为接近，他们对教育技术的历史进行了较为全面的论述，而由于受限于技术发展和时代限制，Allen(1971)论述了 20 世纪 20 年代到 20 世纪 70 年代期间视觉教学和视听教学的发展阶段，而 Saettler(1990)论述了 20 世纪初期到 20 世纪 90 年代视听教学、视听传播、计算机辅助教学以及教育技术的发展阶段，如表 3-1 所示。综合分析，本研究将自视觉教学运动以来技术的使用在教育中的发展阶段分为：大众媒体时代、微型计算机时代、互联网时代以及移动互联时代四个阶段。

表 3-1 教育技术发展历史阶段的划分

文献来源	总时间段	划分结果	教育技术形态
Allen(1971)	1920s—1970s	1. 1950 年前	视觉教学
		2. 二战后的 10 年	军队中视听教学
		3. 20 世纪 50 年代中期到 60 年代中期	学校教学电视
		4. 20 世纪 60 年代	程序教学
		5. 1958 年	教学媒体
		6. 20 世纪 70 年代	当下先进的教学媒体
Saettler(1990)	1900s—1990s	1. 1900s—1950s	视听教学
		2. 1950s—1980s	视听传播与计算机辅助教学
		3. 1990 年以后	教育技术
Spector and Ren(2015)	1900s—至今	1. 20 世纪上半叶	大众媒体、视听教学
		2. 20 世纪下半叶	计算机技术、互联网
		3. 21 世纪	云计算、社交网络和可穿戴设备等
Roblyer(2015)	1950s—2015	1. 1950s—1970s 早期	前计算机时代
		2. 1970s—1990s 早期	微型计算机时代
		3. 1990s	互联网时代
		4. 2000—2015 年	社交媒体和开放获取时代

续表

文献来源	总时间段	划分结果	教育技术形态
Taylor(2001)	1900s—2000s	1. 20 世纪 80 年代之前	函授学习
		2. 20 世纪 80 年代	多媒体远程学习
		3. 20 世纪 90 年代初期	电子学习
		4. 20 世纪 90 年代中后期	开放灵活的远程教育
		5. 2000s	在线学习

注:20 世纪之前的历史不作为本研究内容,故没有列出 20 世纪前的教育技术。

3.1.4 总结并评估研究资料

研究者本人与其他两名研究者利用文字处理软件 Word 分别对关键事件和发展阶段进行整理。在这一过程中,确认关键事件要有明确的时间记录。研究者将史料分析和整理的结果与本领域有丰富研究经验的两位学者进行讨论(一位是美国学者、教授,已有 50 余年的工作和研究经历;另一位是中国学者、教授,已有 30 年的工作和研究经历),并确定最终的结果。

3.2 文献纳入纳出标准

3.2.1 纳入标准

本研究文献纳入标准主要包括对研究主题、研究方法、发表语言、引文索引情况以及发表时间的规定。具体来说,本研究的文献纳入标准主要包含以下五个:

1. 须为教育技术相关的研究,即利用技术来支持教与学

本研究将关注用于帮助教师和学生达到预期教学目标的数字化方式、工具以及策略(Ross 等, 2010)。从已有再分析所纳入的研究主题来说,主要包含三类:一是与多媒体学习相关;二是认知工具和教学系统在教学中的应用;三是远程教育、在线学习和混合学习等。

2. 须为狭义上的元分析研究,且报告标准化效应量

本研究的目的在于分析和综合已有的元分析,这里的元分析是狭义上的元分析,是指利用定量的推论性统计分析方法合成效应量的系统化文献综述。因此,所纳入元分析的研究结果至少报告一种或一类技术的使用对某一或某类学

习结果影响总效应量(Effect Size)。

3. 发表语言为英语

所纳入研究的发表语言为英语。研究者本人精通英语,所在研究团队没有精通其他语言的研究者,加之国内缺少相关的研究,所以所纳入研究的发表语言仅为英语。通过对中文社会科学引文索引(CSSCI)来源期刊搜索元分析发现,仅有13项元分析,且该研究的研究问题与已纳入的研究有重复,因此,本研究仅纳入发表语言为英语的文献。

4. 被社会科学引文索引收录

考虑到纳入元分析的质量,本研究仅限于社会科学引文索引(SSCI)收录的期刊论文。学位论文、研究报告或者图书(章节)以及会议论文均不包含在内。

5. 2017年之前正式发表,不限作者所在国家和地区

此处所谓的正式发表是指已经编排了卷号、期号和页码。2017年之前网络发表,还未编排卷号和期号的文献并未包含在内。这主要是考虑期刊发表时间的分布情况。本研究不对纳入研究的作者所在国家和地区做限制。

3.2.2　纳出标准

对应本研究的文献纳入标准,本研究的文献纳出标准主要对效应量的计算方式、发表语言进行了限制,同时也对研究所涉及的学习者群体和元分析类型进行了限制。具体来说,主要包括以下五个纳出标准:

1. 需排除未标准化效应量的研究

效应量的类型若为未标准化,也就是均值差(Mean Difference)的元分析研究会被排除掉。例如,Yesilyurt(2012)研究的效应量为均值差,未报告标准化均值差的这类研究将会被删除。

2. 需排除原始研究为特殊群体学习者的元分析

在初步筛选的过程中,研究者检索到了这些方面的研究,但是考虑到缺乏相关的背景知识,原始研究为特殊群体学习者的元分析将会被排除。相关的研究主题有录像示范教学法(Video-Modeling Based Interventions),“签入/签出”方法(Check-In & Check-Out),图片交换沟通系统(Picture Exchange Communication System)及其他面向特殊群体学习者的研究将被排除。

3. 需排除原始研究为单一个案研究法的元分析

原始研究为单一个案研究法的元分析多数为支持特殊群体学习者相关的教育技术,由于研究者本人及所在团队缺乏相关的背景知识及经历,这一类研究将不被纳入本研究中。

4. 需排除英语之外语言写作的元分析研究

研究者本人精通外语为英语，所在团队缺乏其他语言背景的研究者，因此，英语之外语言撰写的元分析研究将会被排除。

5. 需排除拓展意义上的元分析

研究者开展实验研究设计，在不同地区、学校和班级收集数据，使用元分析统计分析方法进行数据分析的研究将会被排除。

3.3 研究工具的编制

3.3.1 编码工具的收集与整理

1. 元分析研究的描述项

编码表的作用在于系统地从所纳入元分析研究报告中提取所需要的信息。一般来说，研究问题确认之后，文献编码之前，主要研究工作除了文献检索与筛选之外，就是开发编码表。编码表的框架与内容要能够回答本研究的研究问题。对于元分析来说，编码表通常主要涉及对研究特征描述项（被试、年级、学习时长等）和用于计算效应量的描述项（实验组和对照组的样本量、均值和标准差等）。而对本研究来说，编码表主要用于描述元分析的研究特征描述项。

在编制编码表时，本研究参考了关于元分析研究过程的书籍（H. Cooper等，2009；Lipsey and Wilson，2000）以及关于二次元分析质量评估的工具（Bernard，Borokhovski，Schmid，and Tamim，2014；Bernard，Borokhovski，and Tamim，2014；Plonsky and Ziegler，2016；Tamim 等，2011）。

2. 元分析研究质量的评价方法与工具

一般来说，开展元分析研究时，研究者会考察原始研究的质量对效应量的影响。对于元分析来说，研究质量也是一项重要的考察指标（Bernard，Borokhovski，Schmid，and Tamim，2014；Bernard，Borokhovski，and Tamim，2014；Plonsky and Ziegler，2016；Tamim 等，2011）。本研究选择从“元分析研究过程和方法”的角度来评估研究质量。综合已有研究的观点，本研究将从概念的明晰性、过程与方法的全面性和元分析的严谨性三个维度进行评估。其中，“概念的明晰性”维度与 Tamim 等（2011）一致，主要包含两个题项：(1) 实验组定义的明晰性；(2) 对照组定义的明晰性。“过程与方法的全面性”维度将 Tamim 等（2011）中“纳入研究的代表性”列为两个题项：(1) 是否报告纳入研究的列表；(2) 是否报告效应量的列表。“元分析的严谨性”维度在 Tamim 等（2011）研究工具中七个项目的基础上添加两个题项:(1) 是否根据研究比较的数量进行加权;(2) 是否进行异质性检验。

3.3.2　编码表的信效度检验

本研究主要通过编码者一致性系数、专家审查两种方式来评估编码表的信效度,并根据编码结果和专家审查意见对编码表进行修改和完善,继而对编码者进行培训。

1. 预编码过程

本研究选取 *British Journal of Educational Technology*, *Computers & Education*, *Computer Assisted Language Learning*, *Computers in Human Behavior*, *Distance Education*, *Educational Research Review*, *Review of Educational Research* 等七本 SSCI 期刊 2010 年至 2015 年发表的 36 项元分析进行预编码。研究者本人与研究者 F 使用开发的编码表进行预编码。

最终得出九大模块的一致性系数为:(1) 研究标识项(100%);(2) 研究情境项(94.59%);(3) 文献检索项(90.99%);(4) 文献筛选项(100%);(5) 数据编码项(90.09%);(6) 数据分析项(92.79%);(7) 研究报告相关的描述项(100%);(8) 效应量相关的描述项(100%);(9) 调节变量相关的描述项(100%)。

2. 征求专家意见

本研究邀请两名教育技术学领域的教授(S 教授和 H 教授)、一名教育心理学领域的博士(C 博士),以及一名从事教育统计与测量研究的博士(W 博士)对编码表内容进行了审阅。四位学者的建议和意见主要有:

S 教授对研究主题的编码条目以及部分编码项的编码条目进行了修正,并建议在研究结果呈现时使用可视化的方式呈现研究主题。

H 教授建议把元分析研究的研究问题和研究发现作为编码项进行编码,并审查研究问题与研究发现的匹配。

C 博士从数据整理与分析的角度,对因变量和调节变量编码项的规范进行了修正。

W 博士基本没有修改意见,仅提供了在编码过程中需要注意的有关事项,同意可以正式编码。

根据四位学者的意见,本研究完善了编码表的信息以及编码指导手册。最终的编码表如表 3-2 至表 3-10 所示。

3.3.3 编码表信息

编码表主要包含九个模块：(1) 研究标识项；(2) 研究情境项；(3) 文献检索项；(4) 文献筛选项；(5) 数据编码项；(6) 数据分析项；(7) 研究报告相关的描述项；(8) 效应量相关的描述项；(9) 调节变量相关的描述项。

1. 研究基本信息

研究基本信息主要包含研究标识项以及研究情境项两个模块。前者主要涉及与研究报告相关的背景信息，后者主要涉及与研究主题及研究对象相关的信息。具体如下：

1) 研究标识项

为了解已有元分析研究的研究群体及分布等相关情况，本研究编制了与研究标识相关的编码项，例如，文章标识项，第一作者，第一作者所在单位及所在国家或地区，文献来源及发表年份等。有关于“研究标识项”的最终编码信息如表 3-2 所示。

表 3-2 编码表之研究标识项

编码项名称	编码方式
标识项	APA 引文格式
第一作者	第一作者的姓名
第一作者所在学校或机构	第一作者所在学校或机构
第一作者所在国家或地区	第一作者所在国家或地区
期刊名称	期刊名称
发表年份	发表年份

2) 研究情境项

为从已有的元分析研究中了解教育技术学经典的研究与实践领域，本研究编制了研究主题、研究中所关注的教育技术学应用、软件以及硬件等。关于“研究情境项”的最终编码信息及编码注意事项如表 3-3 所示。

表 3-3 编码表之研究情境项

编码项名称	编码方式	注释
研究主题	列出文章中涉及的关键概念	
研究问题	元分析的研究目标、研究问题以及研究假设	

续表

编码项名称	编码方式	注释
控制组的定义	控制组所涉及主要概念的定义或者描述	
控制组定义明晰性	1. 没有给出定义,也没有报告所引用的参考文献 2. 给出名字以及简单的描述 3. 给出特定的定义,但缺失部分 4. 内容清晰、完整的定义,且有与概念模型关联的工作定义或操作性定义	概念的明晰性
实验组的定义	实验组所涉及主要概念的定义或者描述	
实验组定义明晰性	1. 没有给出定义,也没有报告所引用的参考文献 2. 给出名字以及简单的描述 3. 给出特定的定义,但缺失部分 4. 内容清晰、完整的定义,且有与概念模型关联的工作定义或操作性定义	概念的明晰性
年级	1. 学前　2. 小学　3. 初中　4. 高中　5. 大学　6. 成年人	
学科知识	学科知识	
纳入文章篇数	纳入文章的篇数	
效应量个数	原始效应量的个数	
样本量	纳入研究的总样本量	

注:本表格最后一列标注该编码项的注意事项,包含与元分析研究质量相关的信息。表 3-4 至表 3-10 也采用这样的方式。

2. 元分析编码项

从元分析的研究设计与实施过程来说,元分析编码项主要包含文献检索项、文献筛选项、数据编码项、数据分析项、研究报告相关内容项、总效应量的编码项和调节变量的编码项等。为了解元分析质量与效应量的关系,本研究同时把 Tamim 等(2011)用于评价元分析质量的项目依据其内容分别编制在各个模块下,本研究将在“元分析研究质量”部分详细论述。

1) 文献检索项

文献检索主要涉及文献检索的程序、所检索文献发表的时间段、是否有时间段选取的依据、是否包含未发表的文章、文献检索的全面性、文献检索的关键词、文献检索策略、所检索的数据库、检索数据库的数量、是否利用搜索引擎及学术会议网站进行检索、利用哪些搜索引擎或学术会议网站检索、是否进行关键期刊检索、手动检索了哪些关键期刊等。

关于“文献检索项”的最终编码信息及编码注意事项如表 3-4 所示。

表 3-4 编码表之文献检索项

编码项名称	编码方式	注释
文献检索程序	1. 在线参考数据库，例如 Web of Science，ERIC，PubMed 等 2. 网络检索(包含检索会议论文集) 3. 手动检索关键期刊 4. 参考文献回溯，包含回溯已有文献综述 5. 通过邮件等询问领域专家或者直接询问作者	
检索时间段	文献检索阶段设定的文献发表时间段	例如，1970—2015 年
是否报告检索时间段	1. 否 2. 是	可为未来研究提供文献检索时间段依据
是否仅纳入已发表研究	1. 是，仅纳入已发表研究 2. 否，纳入学位论文、会议论文、研究报告或图书等	过程与方法的全面性
文献检索策略	1. 没有描述检索策略，且没有报告参考的文献 2. 简单描述检索策略 3. 列出检索所利用的资源和数据库 4. 列出检索所用的关键词，报告资源和数据库	过程与方法的全面性
关键词	列出文献检索使用到的关键词或者检索式	
文献检索	1. 数据库检索 2. 网络检索 3. 手动检索 4. 文献回溯	过程与方法的全面性
数据库检索	列出所有检索的数据库	例如，Web of Science，ERIC，PubMed 等
检索数据库的数量	检索数据库的数量	过程与方法的全面性
是否利用网络进行检索	1. 否 2. 是，利用搜索引擎或会议网站等	过程与方法的全面性
网络检索	列出搜索引擎，专业网站，会议网站等信息	
是否手动检索特定期刊	1. 否 2. 是	过程与方法的全面性
特定期刊	手动检索期刊的名称	

2）文献筛选项

文献筛选主要涉及纳入纳出标准的全面性、原始研究的类型以及文献筛选的严谨性等。关于"文献筛选项"的最终编码信息及编码注意事项如表 3-5 所示。

表 3-5 编码表之文献筛选项

编码项名称	编码方式	注释
纳入纳出标准	1. 没有针对标准进行报告 2. 简单呈现标准 3. 详细描述，且容易重复	过程与方法的全面性 使用 PRISMA 或者清楚描述哪些被排除，被排除的编为 3
原始研究的研究设计类型	1. 随机对照实验 2. 随机对照实验及准实验 3. 随机对照实验、准实验及前实验 4. 随机对照实验、准实验、前实验及其他	过程与方法的全面性
文献筛选	1. 未提及筛选过程 2. 一名研究者筛选 3. 一名以上研究者筛选，未报告评分者一致性系数 4. 一名以上研究者筛选，报告评分者一致性系数	元分析的严谨性 只报告过程，未报告筛选研究者的数量，编为 1

3）数据编码项

数据编码项主要涉及编码表的严谨性、研究特征项以及效应量提取的严谨性和是否报告数据的独立性等。关于"数据编码项"的最终编码信息及编码注意事项如表 3-6 所示。

表 3-6 编码表之数据编码项

编码项名称	编码方式	注释
编码表	1. 未进行描述，且未报告所参考文献 2. 对主要类别进行简要的描述 3. 列出特定类别 4. 精细化描述，且容易重复	元分析的严谨性
研究特征项提取	1. 未提及提取过程 2. 一名研究者提取 3. 一名以上研究者提取，未报告评分者一致性系数 4. 一名以上研究者提取，且报告评分者一致性系数	元分析的严谨性
效应量提取	1. 未提及提取过程 2. 一名研究者进行提取 3. 一名以上研究者提取，未报告评分者一致性系数 4. 一名以上研究者提取，且报告评分者一致性系数	元分析的严谨性
是否报告数据独立性	1. 否 2. 是	元分析的严谨性

4）数据分析项

数据分析主要包含计算效应量的模型，是否依据比较的数量进行加权，是否依据样本量的大小加权，是否进行异质性检验，异质性检验的类型、结果和结论，是否进行调节变量分析，调节变量的数量及名称，是否进行元回归及其结果，以及数据分析所使用的软件等。关于"数据分析项"的最终编码信息及编码注意事项如表 3-7 所示。

表 3-7 编码表之数据分析项

编码项名称	编码方式	注释
效应量的计算模型	1. 固定效应模型 2. 随机效应模型	
是否根据比较的数量进行加权	1. 是 2. 否	元分析的严谨性
是否根据样本量的数量进行加权	1. 否 2. 是	元分析的严谨性
是否进行异质性检验	1. 否 2. 是	元分析的严谨性
异质性检验的类型	1. Q 值 2. τ^2 或 T^2 3. 卡方检验(I^2) 4. $\chi^2 = \sum[r - \text{average } r]^2 \times [n-3]$ 5. 失安全系数 N	
异质性检验的结果	异质性检验的结果	
异质性检验的结论	1. 同质 2. 异质	
是否报告调节变量分析	1. 否 2. 是	

5）研究报告相关内容项

元分析研究报告主要涉及是否列举出纳入的研究，效应量的数据表以及纳入的最新研究与元分析发表时间的间隔等。关于"研究报告相关内容项"的最终编码信息及编码注意事项如表 3-8 所示。

表 3-8 编码表之研究报告相关内容项

编码项名称	编码方式	注释
是否报告纳入研究的列表	1. 否 2. 是	
是否报告效应量的列表	1. 否 2. 是	
最新研究与发表时间的间隔	纳入的最新研究与元分析发表时间的间隔	

6）总效应量的编码项

为探究教育技术对学习的影响，在编制编码表的过程中，本研究编制了用以标识总效应量相关的编码项，例如学习结果的类型及名称、总效应量的类型与计算方式、总效应量的大小及显著性检验、效应量的可视化呈现方式、标准误、标准误的提取、置信区间大小、所包含的时间段、所包含的文章篇数、所包含的效应量个数、样本数以及样本的提取方式以及研究发现等。关于“总效应量”的最终编码信息及编码注意事项如表 3-9 所示。

表 3-9　编码表之总效应量编码项

编码项名称	编码方式	注释
因变量	学习结果	
效应量的类型	1. Glass 的 Δ 值 2. Cohen 的 d 值 3. Hedges 的 g 值 4. Pearson 的 r 值 5. 其他：详细列出	
效应量的计算方式	1. 合成标准差 2. 对照组标准差 3. 相关系数 4. 其他，并标示出	
总效应量	总效应量	
效应量的显著性	效应量的显著性检验大小	例如 p，Z 值等。
标准误	标准误	
标准误的提取	1. 报告 2. 利用效应量和样本量计算 3. 利用置信区间计算 4. 利用加权平均标准误代替	元分析的严谨性
置信区间(上)	置信区间(上)的数值	
置信区间(下)	置信区间(下)的数值	
时间区间	纳入研究所发表的时间区间	
纳入研究的数量	纳入研究的数量，即文章的数量	
纳入效应量的数量	纳入研究效应量的数量	
样本量的数量	纳入的样本量	
样本量的提取方式	1. 计算　2. 报告	
研究发现	总效应量的研究发现	

7）调节变量的编码项

调节变量主要涉及对应的因变量，调节变量的名称，计算调节变量所使用的模型，是否进行异质性检验，异质性检验的类型、结果与结论，效应量的类型、大小以及显著性检验的结果，效应量的标准误及提取方式、置信区间，所包含研究的个数、效应量的个数,所包含的样本量及提取方式,研究发现等。关于"调节变量"的最终编码信息如表 3-10 所示。

表 3-10 编码项之调节变量编码项

编码项名称	编码方式
所对应的因变量	所对应的学习结果变量
调节变量的名称	调节变量的名称
调节变量的水平	调节变量每一个水平的名称
调节变量的计算方式	1. 随机 2. 固定
异质性检验	1. 否 2. 是
异质性检验的类型	1. Q 值 2. τ^2 或 T^2 3. 卡方检验(I^2) 4. $\chi^2=\sum[r-\text{average } r]^2\times[n-3]$ 5. Fail-safe N
异质性检验的结果	异质性检验的结果
异质性检验的结论	异质性检验的结论
效应量的类型	1. Glass 的 Δ 值 2. Cohen 的 d 值 3. Hedges 的 g 值 4. Pearson 的 r 值 5. 其他:详细列出
效应量的大小	效应量的数值
显著性检验	效应量的显著性检验大小
标准误	标准误的数值
置信区间(上)	置信区间(上)的数值
置信区间(下)	置信区间(下)的数值
标准误提取的方式	1. 报告 2. 利用效应量和样本量计算 3. 利用置信区间计算 4. 利用加权平均标准误代替
纳入研究的数量	纳入研究的数量
纳入效应量的数量	纳入效应量的数量
样本量	样本量的数值
样本量的提取方式	1. 计算 2. 报告

3.4 文献检索与筛选

本研究文献检索的过程包括:确认关键词、数据库检索、参考文献回溯和关键期刊检索;而文献筛选的过程包括:浏览标题和摘要以及全文浏览。接下来,主要通过文献检索和文献筛选两部分来介绍此过程,最后呈现文献检索和筛选的结果。

3.4.1 文献检索过程

对于本研究来说,文献检索是一个贯穿始终、反复迭代的过程。首先,需要确认关键词。其次,需要通过电子数据库检索、关键期刊检索以及查找核心专家发表的期刊等方式进行文献检索。接下来详细阐述文献检索的过程和方法。

1. 确认关键词

文献检索的第一步是确定检索关键词。为了保证文献检索词的准确性和全面性,首先,研究者查阅了相关的书籍、关键文献以及百科全书等。在确定元分析关键词的过程中,本研究主要参考了以下文献:*Introduction to Meta-Analysis*(Borenstein 等, 2009),*Handbook of Research Synthesis and Meta-Analysis*(H. Cooper 等, 2009),*Practical Meta-Analysis*(Lipsey and Wilson, 2000)等。共收集与元分析相关的英文词汇 7 个,分别为:Meta-Analysis, Meta-Analytic Review, Quantitative Synthesis, Quantitative Review, Research Synthesis, Systematic Review 和 Systematic Literature Review。

在确认与教育技术相关的词汇过程中,本研究参阅了教育技术学领域的百科全书及手册等(Andrews and Haythornthwaite, 2007; Richey, 2013; Spector, 2015; Spector, Merrill, Elen, and Bishop, 2014)。我们发现这是一项可以完成但操作性弱的工作。因此,我们在数据库检索过程中放弃了使用与教育技术学有关词汇的检索策略,仅使用与元分析相关的检索关键词。具体做法请参见“数据库检索”部分。

2. 数据库检索

本研究利用 Web of Science 核心合集的 SSCI 数据库进行文献检索,检索式为:TS=("meta-analysis" OR "meta-analytic review" OR "quantitative synthesis" OR "quantitative review" OR "research synthesis" OR "systematic review" OR "systematic literature review")。其中,语言限制为英语,所属分类检索条件为:Educational Scientific Disciplines OR Educational Research OR

Education Special。研究者本人与所在团队中的一名具有心理学研究背景和教育技术学研究背景的研究者(F)共同完成了数据库检索,共获取文献 1 836 篇。研究者在 Web of Science 中保存检索式,并“创建跟踪服务”,持续获取该主题发表的文章,保证所纳入研究的完整性以及最新性。本研究通过邮件订阅的方式持续跟踪了该文献检索跟踪服务,共检索到文献 118 篇,加之先前的 1 836 篇,共计 1 954 篇。

3. 参考文献回溯

本研究中参考文献回溯包含三个部分:一是在文献筛选后,以“滚雪球”的方式浏览纳入研究的文献综述以及参考文献部分,确认是否有新的元分析研究需要纳入;二是浏览文献检索过程中获得的 4 个二次元分析(Secondary-Order Meta-Analysis)的研究(Bernard, Borokhovski, Schmid, and Tamim, 2014; Bernard, Borokhovski, and Tamim, 2014; Plonsky and Ziegler, 2016; Tamim 等, 2011)中所纳入的元分析研究;三是浏览《可见的学习》(Hattie, 2009)中的与教育技术相关的研究。通过参考文献回溯的方式共确认 24 篇新的符合纳入标准的文献。

4. 关键期刊检索

在 SSCI 期刊论文检索时,本研究限制在教育类的论文。考虑到教育技术类研究有可能分布在教育心理学以及计算机类期刊上,根据第二轮文献筛选的所得文章进行参考文献回溯之后,本研究手动检索了非教育类的五本期刊,分别是:*Computers in Human Behaviors*, *Educational Psychologist*, *Educational Psychology Review*, *Journal of Educational Psychology*, *Personal Psychology*。通过关键期刊检索的方式,共检索到 10 篇新的符合纳入标准的文献。

5. 与相关专家邮件联系

为了保证纳入文献的全面性,本研究通过邮件的方式联系了《可见的学习》的作者 John Hattie,邮件附上了本研究已经纳入的 111 项元分析研究列表,请求其帮助确定纳入的研究是否全面,是否还有其他研究未纳入进去。通过邮件联系的方式,并没有纳入新的文献。

3.4.2 文献筛选过程

文献筛选主要是依据先前制定的纳入纳出标准,由至少两位有经验的研究者进行独立筛选。接下来,本研究将通过两种方式进行文献筛选,一是通过文献标题和摘要筛选,二是通过浏览全文筛选。

本研究使用文献管理工具 Zotero 来进行文献管理和共享。Zotero 主要有以下优势：可以通过浏览器插件快捷抓取在线数据库网页中的文献题录信息，且将全文以附件形式存储；可以通过标签管理文献；有便捷的文献引用方式，并支持多数引文格式；采用云存储技术，自动同步信息，保证随时随地可以在任何一台机器上获取信息；可以实现多种形式的协作。

1. 第一轮筛选：浏览标题和摘要

研究者本人与一名有经验的研究者(F)按照“出版时间(降序)”逐一浏览文章标题和摘要信息，利用 Excel 电子表格文档记录每一篇文献的筛选结果。本次筛选的目的主要是排除与教育技术学无关的研究。两位研究者每完成同一年文献的筛选之后，会进行核对，确认不一致的筛选结果，并针对不一致的筛选结果进行商量确认或者直接浏览其全文进行确认。第一轮筛选出文章共计 251 篇。从筛选的结果来看，主要排除与教育技术无关的研究和部分实验研究等，基本达到本次筛选的目的。

2. 第二轮筛选：浏览全文

第二轮筛选主要是通过浏览全文进行筛选。为保证筛选结果的有效性和可重复性，本研究将筛选过程分成两个步骤：第一步，排除面向特殊群体的教育技术学研究以及非系统化的文献综述等；第二步，排除定性系统化文献综述以及二次元分析的研究。

在进行文献筛选之前，研究者本人利用学校图书馆购买的电子数据库系统、学校自建数据库系统以及学校文献传递系统获取了目标文献电子版全文，共计 251 篇。参与第一轮筛选的两名研究者分别独立阅读 251 篇文献，并利用 Excel 电子表格文档记录每一篇文献的筛选结果。本次筛选的目的主要是排除面向特殊群体的教育技术研究以及非系统化文献综述。两位研究者筛选结果的一致性为 96.8%。筛选结果不一致的研究则通过讨论进行决定，最后筛选结果一致性达到 100%。从筛选的结果来看，其基本达到了本次筛选的目的，筛选出文章共计 149 篇。

两名研究者重新独立浏览 149 篇文献，继续利用 Excel 电子表格文档记录每一篇文献的筛选结果。本次筛选的目的主要是排除未标准化效应量的元分析(McGaghie, Issenberg, Petrusa, and Scalese, 2006; Nelson, Hartling, Campbell, and Oswald, 2012; Vogel 等, 2006; Yesilyurt, 2010, 2012)、定性系统化文献综述(Wen-Hsiung Wu 等, 2012)以及二次元分析(Bernard, Borokhovski, Schmid, and Tamim, 2014; Bernard, Borokhovski, and Tamim, 2014; Plonsky and Ziegler, 2016; Tamim 等, 2011)的研究。两位研究者筛选结果的一致性为 100%，筛选出教育技术类元分析共计 77 篇。

因此，纳入本研究的研究共计 77 篇（SSCI 数据库）＋24 篇（参考文献回溯）＋10 篇（关键期刊检索）＝111 篇。“参考文献”列表前带有星号（＊）的表示本研究所纳入的元分析。

3.4.3 文献检索与筛选结果

本研究文献检索与筛选的过程和结果具体如下：

1. 关键词数据库检索结果

通过关键词检索，利用 Web of Science 的 SSCI 数据库获取了 1 954 篇文献。

2. 浏览标题和摘要的筛选结果

两位研究者独立浏览 1 954 篇文献的标题和摘要，排除与教育技术学无关的研究 1 703 条数据后，剩余 251 篇文献。

3. 浏览正文筛选结果

两位研究者独立浏览 251 篇文章的正文，排除面向特殊群体的教育技术学研究以及非文献综述的 102 篇文献后，剩余 149 篇文献。

两位研究者在分别独立浏览 149 篇文章的正文，删除未标准化效应量的元分析、定性文献综述以及二次元分析的 70 篇文献后，剩余 77 篇文献。

4. 文献回溯和联系专家的结果

两位研究者通过参考文献回溯的方式共确定新的元分析研究 24 篇；通过手动检索五本 SSCI 期刊，共确定 10 篇新的元分析研究；联系专家并未获得新的研究。

总而言之，本研究纳入元分析总计 111 篇。根据 PRISMA 规范（Moher 等，2009），本研究绘制了文献检索与筛选的流程图，如图 3-2 所示。

3.5 文献编码

3.5.1 培训编码者

关于元分析的涵义、概念、过程与方法，研究者本人和研究者 F 共同开设了一场两个小时的讲座。讲座结束后，我们使用两篇元分析文章（Berney and Bétrancourt，2016；Sung，Chang，and Liu，2016）作为实例带领编码者熟悉了编码表及编码指导手册。研究者 F 作为助教同时参与指导。研究者本人在研究团队中招募了六名研究助理（一名已获得英语教学硕士学位的研究助理，四名教

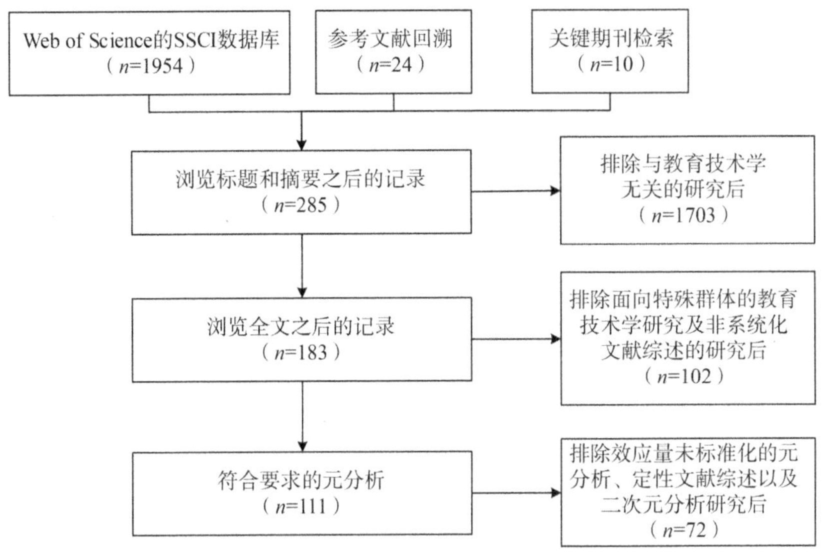

图 3-2 文献检索与筛选流程图

育技术学专业在读硕士生和一名教育学本科三年级学生）参与了培训，这六名编码者的信息如表 3-11 所示。

完成培训后，六名研究助理独立编码了同一篇元分析。编码完成之后，每一位研究助理都与研究者本人进行核对，研究者本人对存在问题的地方一一进行解释。随后，他们再次独立编码一篇元分析，研究者本人和研究者 F 分别对编码结果进行确认。

3.5.2 数据独立性

如果有学位论文、研究报告改写为期刊论文发表的话，研究者在进行编码时，会参考学位论文和研究报告中的信息。例如，在编码 Slavin 和 Lake（2008）关于小学数学有效教学程序时，根据文章中提供的信息在 *Best Evidence Encyclopedia* 上下载了更为完整的版本（Slavin and Lake，2007）作为编码参考。每一个总效应量作为一项独立的记录参与到最后的数据分析中。

在浏览文章正文以及编码过程中发现，本研究所纳入的研究中有两组研究整合的原始研究相同，且研究问题和研究结果一致。这两组研究分别为：Azevedo（1995）与 Azevedo 和 Bernard（1995），Lin（2014）与 Lin（2015a）。Azevedo（1995）与 Azevedo 和 Bernard（1995）都研究 CBI 中反馈对学习效果的影响，且即时测验的总效应量为 0.8，延时测验的总效应量为 0.35；Lin（2014）与

Lin(2015a)都研究 CMC 对第二语言学习效果的影响,其总效应量均为 0.441。针对这两组重复的研究,在数据分析时,研究者将其合并为一个研究进行分析。

3.5.3 文献编码与数据提取

1. 第一轮编码

鉴于研究背景、研究方法以及时间的安排,最终参与第一轮编码的研究者信息及编码工作任务分配如表 3-11 所示。研究者本人进行编码任务分配。在进行编码任务分配的过程中,研究者本人主要考虑编码者的研究兴趣、已掌握的研究方法情况以及时间安排。

第一轮编码过程中,研究者要求每一位编码者找到每一个编码项在纸质文档中的位置,并用记号笔标记出来,同时在纸质文档中写下每个编码项的编号。

2. 第二轮编码

研究者本人与每一位参与编码的编码者进行编码信息确认。在此过程中,每一位编码者向研究者确认每一个编码项在文章中的位置及依据。对于不能确认的编码项,将在纸质文本上进行标识,并将不能确定的编码项进行记录,在第三轮编码时进行商议。

3. 第三轮编码

研究者本人与研究者 F 分别浏览 111 项元分析的正文,并对已有的编码结果进行核查。完成核查后,共同商讨不能确认的编码项,并确定最终编码结果。

表 3-11 第一轮编码的编码者信息及任务分配

编码者	专业背景	编码工作	数量
C	研究者本人,本科、硕士均为教育技术学专业,现为教育技术学在读博士生,已学习 SPSS 课程、定量研究方法,并在 Coursera 平台上学习 Introduction to Systematic Review and Meta-Analysis 课程,且拿到课程证书	主要编码移动学习、远程教育、认知工具、CBI、混合学习、多媒体学习以及即时反馈系统等主题的文章	23
F	本科为应用心理学专业,现为教育技术学硕士研究生,研究方向为在线学习,曾学习心理统计与分析、定量研究方法、教育研究方法等课程	主要编码混合学习、计算机支持的协作学习(Computer Supported Collaboration Learning,简称 CSCL)和教育技术等主题的文章	8
L	本科为教育技术学专业,现为科学与技术教育在读硕士生,研究兴趣为非正式学习环境下的学习资源设计,曾学习教育研究方法等课程	主要编码 CAI 等主题的文章	8

续表

编码者	专业背景	编码工作	数量
Q	本科为教育技术学专业，现为教育技术学在读硕士生，研究方向为知识可视化，研究兴趣为知识可视化在英语教学中的应用，曾学习教育研究方法、定量研究设计等课程	主要编码认知工具、远程学习、多媒体学习、基于游戏的学习等主题的文章	14
T	现为教育学在读本科生，研究方向为在线同步课程学习策略研究，已学习教育研究方法、心理统计与分析等课程	主要编码认知工具、数字阅读与电子教材、教育技术等主题的文章	18
X	本科为教育技术学专业，现为教育技术学在读硕士生，研究方向为数字化学习环境设计，研究兴趣为虚拟学习资源的设计与开发，曾学习教育研究方法、定量研究设计等课程	主要编码基于模拟的学习和基于游戏的学习等主题的文章	13
Y	本科为英语专业，硕士就读于英语教学专业，现已在英国取得硕士学位，研究兴趣为技术支持的语言教学，曾学习教育研究方法等课程	主要编码 CALL 和 CMC 等主题的文章	27

3.6 收集原始研究的文献计量学信息

3.6.1 原始研究的重叠问题

由于不同的元分析可能纳入相同的原始研究，再分析研究需要考察原始研究的重叠问题(Polanin, Maynard, and Dell, 2017; Tamim 等, 2011)。Polanin 等(2017)建议采用原始研究矩阵的方式呈现重叠的结果，虽然这并不能解决原始研究重叠可能造成某些研究的效果多次叠加的问题，但可以显示原始研究的重叠率。由于本研究涉及数以千计的原始研究，相比较来说，这种方法在矩阵呈现方面行不通。本研究尝试对元分析原始研究的文献计量信息进行分析，以期达到了解纳入元分析原始研究的重叠情况。

文献记录信息是文献计量学研究所需要收集的数据，主要包含文件名、作者、发表时间、文献来源、摘要、关键词、引用的参考文献、引用的参考文献数、被引频次等信息。一般来说，每一个数据库所记录的信息和标识方式并不统一。本研究所使用的 Web of Science 核心合集字段标识符主要有：PT 代表出版物类型，AU 代表作者，TI 代表文献标题，CR 代表引用的参考文献，NR 代表引用的参考文献数，PY 代表出版年。同时，本研究将以原始研究发表时间和发表数量为指标，呈现已有研究中技术在教育中角色的曲线图。本研究需要收集元分析研究的文献记录信息。

3.6.2 下载文献记录信息

为了解元分析原始研究的基本信息，本研究利用 Web of Science 平台将 111 篇元分析的“文献记录”信息进行下载。进入检索结果页面，选择要下载文献记录信息的标题，在页面上方正中位置点击下拉菜单，选择“保存为其他文件格式”。选择“保存为其他文件格式”后，页面会直接打开“发送至文件”对话框，在“记录内容”的下拉菜单下选择“全记录与引用的参考文献”，在“文件格式”的下拉菜单下选择“纯文本”，点击“发送”，即可下载文献记录信息的文本文档。

3.6.3 整理文献记录信息

根据 Web of Science 核心合集的字段标识可知，文献记录文本文档中，CR 字段是引用的参考文献，NR 字段是引用的参考文献数。将 111 篇元分析的文献记录信息下载完成后，研究者结合各元分析 PDF 文档以及期刊网站提供的补充材料，明确各元分析的原始研究列表，并使用文本编辑器 EditPad Lite 7 编辑文献记录文本文档的 CR 字段，确保 CR 字段仅保留各元分析原始研究的条目。

通过整理发现，有少数元分析并未提供原始研究列表信息。经过与元分析作者邮件联系，仍有 11 项元分析未得到原始研究列表，它们分别是：Camnalbur 和 Erdogan(2008)，Chiu、Kao 和 Reynolds(2012)，Chiu(2013)，Cohen、Ebeling 和 Kulik(1981)，Demir 和 Basol(2014)，Jang、Yi 和 Shin(2016)，Kim、Park 和 Shin(2016)，Kulik、Schwalb 和 Kulik(1982)，Kulik、Bangert 和 Williams (1983)，Kulik、Kulik 和 Cohen(1980)与 Willett、Yamashita 和 Anderson (1983)。因此，接下来关于原始研究的分析是基于剩余 100 项元分析的文献记录所得。

本研究使用由中国医科大学医学信息学专业学者设计和开发的“书目共现分析系统”(简称 BICOMB 2.0)对整理后的 100 项元分析的文献记录 TXT 文档中的 CR 字段进行提取统计，并导出 Excel 文档。经过排序比对，整理和编辑，100 项原始研究引用原始文献共计 5 072 次，最终得到 4 012 条原始文献的条目。

3.7　数据分析

3.7.1　数据整理

为了进行分类统计分析，数据编码完成之后，就是要对所编码的数据进行整理。数据整理主要是对所有的编码资料进行检验、归类编码和数字编码等，这是进行数据分析的基础。为保证所收集资料的确切性，在编码阶段，研究主题、年级和所涉及的学科或领域知识以及因变量部分，尽可能进行详细的编码。数据整理阶段，主要对这些描述项进行反复归类与整理。

3.7.2　数据转换的处理方法和依据

常见的效应量包括三种：(1) Glass 的 Δ 值，其使用实验组和对照组的标准化均差；(2) Cohen 的 d 值，其使用实验组和对照组的合成标准差；(3) Hedges 的 g 值，其用于矫正小样本量研究中对效应量的过高评估。

为了对元分析研究得出结果进行分析与比较，需要将不同元分析的效应量转化为同一类型。然而，由于研究报告中信息报告的缺失，很难完成不同效应量之间的转化，特别是效应量为 Glass 的 Δ 值。根据 Tamim 等(2011)、郑昊敏等(2011)的研究，可以认为，由于三种常用的效应量都被认为是实验组和对照组的标准化均值差，在样本量足够大的情况下，三者差异可以忽略不计。

d 值转化为 g 值的公式(Borenstein 等，2009)如下所示：

$$g = d \times \left(1 - \frac{3}{4df - 1}\right)$$

其中，$df = (n_1 + n_2 - 2)$；n_1 和n_2 分别代表实验组和控制组的样本量。

r 值转化为 d 值的公式(Borenstein 等，2009)如下所示：

$$d = \frac{2r}{\sqrt{1 - r^2}}$$

其中，r 表示变量间的相关系数。

比数比(Odds Ratio，简称 OR)转化为 d 值的公式(Borenstein 等，2009)如下所示：

$$d = \log OR \times \frac{\sqrt{3}}{\pi}$$

其中，OR 表示比数比；$\pi \approx 3.14$。

z 值转化为 r 值的公式(Borenstein 等，2009)如下所示：

$$r = \frac{e^{2z} - 1}{e^{2z} + 1}$$

其中，z 表示 Z 分数；e 表示自然常数；$e \approx 2.718$。

U_3 的计算公式(J. Cohen，1988)如下所示：

$$U_3 = P_d$$

其中，P 表示标准正态分布的累积函数；$\mu_p = 0$；$\sigma_p = 1$。

本研究使用 Excel 进行效应量及其他统计量的转换，同时，效应量与 U_3 的转换也可以查阅效应量与 U_3 转换的表格，如表 3-12 所示。

表 3-12 效应量与 U_3、百分等级增量之间的数量关系

Cohen 的标准	效应量	U_3	百分等级增量
小	0.1	54%	4%
	0.2	57.9%	7.9%
	0.3	61.8%	11.8%
	0.4	65.5%	15.5%
中	0.5	69.1%	19.1%
	0.6	72.6%	22.6%
	0.7	75.8%	25.8%
大	0.8	78.8%	28.8%
	0.9	81.6%	31.6%
	1	84.1%	34.1%
	1.1	86.4%	36.4%
	1.2	88.5%	38.5%
	1.3	90.3%	50.3%
	1.4	91.9%	51.9%
	1.5	93.3%	53.3%
	1.6	94.5%	54.5%
	1.7	95.5%	55.5%
	1.8	96.4%	56.4%
	1.9	97.1%	57.1%

续表

Cohen 的标准	效应量	U_3	百分等级增量
大	2	97.7%	57.7%
	2.2	98.6%	58.6%
	2.4	99.2%	59.2%
	2.6	99.5%	59.5%
	2.8	99.7%	50.7%
	3.0	99.9%	59.9%
	3.2	99.9%	59.9%

3.7.3 数据分析方法

1. 效应量的分布

为考察纳入研究总效应量的分布情况，本研究使用单样本 t 检验对所有纳入的总效应量进行检验。

2. 研究特征与效应量大小的关系

为考察研究发表时间、研究质量与效应量之间的关系，本研究使用皮尔逊相关分析法对发表时间和效应量，研究质量和效应量分别进行相关关系分析。

第四章

技术应用于教与学的发展脉络

4.1 技术在教育中的发展阶段

结合 Allen(1971)、Saettler(1990)、Spector 和 Ren(2015)以及 Roblyer(2015)等对教育中技术应用的发展与演变研究,本研究认为,技术在教育中的发展主要经历了五个时代,分别为:大众媒体时代,大型机时代,微型计算机时代,互联网时代以及移动互联时代。

4.1.1 大众媒体时代:视听教学

19 世纪末 20 世纪初,照相、幻灯以及无声电影等新媒体进入教育领域,因其突破了传统教学中"口耳相传"的教学方式,为学习者提供了"生动形象"的视觉冲击,又因当时正值第二次产业革命,国家、社会和普通民众都需要通过教育和教学来适应产业革命带来的影响,特别是在第一次世界大战爆发之后,这种教学方式受到了极大的追捧。因此,1918 年至 1928 年这场教育改革运动被称为"视觉教学运动",被认为是"教育技术的发端"(尹俊华等, 2002)。在这十年里,与视觉教学相关的协会和期刊创建:美国国家教育协会成立视觉教学部;第一本视觉教学的期刊创刊;第一篇视觉教学运动的系统化文献综述发表(Saettler, 1990)。

20 世纪 20 年代末,有声电影和广播录音技术进入教育领域,原有的"静态""无声"学习资料被"有声"的教学电影和教学电台所代替,"视觉教学运动"发展为"视听教学运动"。自此,世界各地教育广播电台的数量不断增长。1925 年,电影放映机开始进入学校课堂,但是由于缺乏视听教学设备和学习资料以及专家指导,视听教学并未在学校教育领域产生重大的影响。直至第二次世界大战的爆发,美军作战训练部门使用视听技术培训工人和军人,这一举措直接推动了视听教学的快速发展。在此背景下,戴尔于 1946 年正式提出了著名的"经验之塔",这一理论成为视听教学的基础理论;1947 年,"视觉教学部"更名为"视听教学部"(黄荣怀等, 2006; 尹俊华等, 2002; Saettler, 1990)。二战结束之后,视听教学经历了十年的平稳发展阶段。

1957 年 10 月,苏联发射第一颗人造卫星。这一事件直接导致美国各领域特别是教育领域开始反思美国教育的成效,因此,美国教育领域开始了教育改革运动。这次教育改革运动再次将视听教学推向了高潮。美国教育管理部门开始大规模制作视听资料,为学校提供资金购买设备,一时间学校视听设备和视听资料数量激增。20 世纪 50 年代末，教学电视得到大规模的发展，并开始进入实用阶段，从某种意义上来说这直接促成了教育技术的“全面发展”（尹俊华等，2002）。

与此同时，为缓解工业社会发展给劳动力市场带来的压力，相对传统教育，一种通过自主学习邮寄印刷材料并辅以通信指导的学习方式应运而生，这种方式被称为“函授教育”。函授教育的教学方式打破了传统面对面教学的时空限制。自此，远程教育成为一种独特的技术应用于教学的形态，函授教育被称为“第一代远程教育”（陈丽，2011；丁兴富，2002；J. C. Taylor，2001）。但由于第一代远程教育的教学过程和学习过程均没有广播、电视或者电影的介入，因此，第一代远程教育并不作为本研究的研究对象。

4.1.2 大型机时代：程序教学与多媒体学习

1950 年，美国空军利用计算机驱动的模拟飞行器培训新手飞行人员，这是计算机第一次应用于教学（Roblyer，2015）。1954 年，斯金纳第一次将程序教学机器引入到拼写和算术等教学中（C. -L. C. Kulik，Schwalb，and Kulik，1982；Saettler，1990）。教学机器和程序教学在教学中的应用直接促使行为主义在教育中的发展（Saettler，1990）。1957 年，斯金纳将程序教学纳入哈佛大学行为主义心理学课程中（Saettler，1990）。程序教学被认为是计算器和计算机用于练习、辅导和测验的“先导”（C. -L. C. Kulik 等，1982）。

20 世纪 60 年代后期，程序教学因其“机械性”和“不灵活性”开始衰落，但个别化教学系统却如“雨后春笋”般出现，这些教学系统中有掌握学习系统和个别化教学系统等（尹俊华等，2002）。虽然程序教学运动并没有发展成预期的效果，但是程序教学背后的教学方法思想对计算机教学系统的设计与发展产生了重大的影响。与此同时，计算机辅助教学系统以及计算机程序语言的雏形已经产生，开始进入实验教学阶段。20 世纪 70 年代初期，手持计算器开始出现，并很快应用在数学教学中（Ellington，2003），这可以被认为是手持移动设备在教学中应用的发端。

与此同时，远程教育这一教学方式也发生了巨大的变化：20 世纪 60 年代至 70 年代，广播电视、卫星电视和音视频技术等多媒体技术得到了快速发展，远程教育领域的学习资料不再局限于印刷材料，录音带和录像带也被用作学习资料的载体。因此，在远程教育领域，基于印刷材料和音视频材料的多媒体学习产生，被称为“第二代远程教育”，即“多媒体远程教育”（陈丽，2011；丁兴富，2002；J. C. Taylor，2001）。多媒体远程教育的发展使得远程教育第一次受到世界各国教育领域的关注(Means, Toyama, Murphy, and Baki, 2013; J. C. Taylor, 2001)。

4.1.3　微型计算机时代:计算机辅助教学

20 世纪 70 年代后期,微型计算机被引入学校,并很快在学校中盛行,计算机辅助教学(CAI)逐渐取代程序教学,微型计算机逐渐取代教学机器。伊利诺伊大学开发的 PLATO 系统和杨伯翰大学开发的 TICCIT 系统是当时计算机辅助教学系统的典型代表(尹俊华等, 2002; Roblyer, 2015)。利用教学机器难以实现的程序教学思想,开始利用计算机来实现。这一阶段的教学系统主要包含:(1) 导听系统(Audio-Tutorial System);(2) 与计算机关联的教学系统,例如,计算机辅助教学(CAI)、计算机管理教学(CMI)以及计算机模拟等;(3) 个别化教学系统;(4) 掌握学习系统;(5) 个性化教学系统(Willett, Yamashita, and Ronaldd, 1983)。

随着微型计算机性能和多媒体技术的发展,计算机在教育中的应用越来越丰富,主要表现在三个方面:(1) 学校教育领域掀起了"计算机素养运动",学校纷纷开设计算机课程,主要教授师生学习基本的计算机操作技能;(2) 以 Logo 为代表的程序语言在教育中被应用于培养学生的高阶思维和问题解决能力,因此,这一变化在 20 世纪 80 年代至 90 年代初被称为"Logo 运动"(Roblyer, 2015);(3) 20 世纪 80 年代后期,超文本学习媒体开始广泛应用于学习资源中,交互式学习资源激增,而多媒体学习资源也被存储在 CD-ROM 中寄送到远程学习者手中。另外,画图计算器于 1985 年产生,并很快应用在数学教学中(Ellington, 2003),手持移动设备在数学教育中的应用迈出了一大步。

4.1.4　互联网时代:远程教育与在线学习

20 世纪 90 年代初,随着电子通信技术的发展,电话会议系统、视频会议系统、图文传递技术以及广播电视技术在远程教育中的应用,远程教育的交互方式和学习方式发生了很大的变化:学习者与教师、学习伙伴可以通过视音频会议系统进行实时交流与沟通,"第三代远程教育"——"电子学习"应运而生。在学校教育领域,交互式电子白板和"投票器"被引入教室,师生课堂互动方式发生了重大变化。

20 世纪 90 年代中期,随着互联网技术的发展,交互式多媒体、基于网络的学习资源、以计算机为中介的交流(CMC)等在教育中的应用,学习者与学习内容之间的交互也发生了转变,"第四代远程教育"——"开放灵活的远程教育"产生。然而,当很多开放大学刚开始使用"第四代远程教育"开展教与学活动时,由于信息技术的快速发展和普及,自动应答系统以及校园门户网站的使用,"第五代远程教育"——"在线学习"(Online Learning)形成(Means, Toyama, Murphy, and Baki, 2013; J. C. Taylor, 2001)。由于第三、四、五代远程教育时间相隔较短,且其学习步调和交互方式较为相似,因此,国内学者将这三代远程教育统称为"第三代远程教育"(陈丽, 2011)。在学校教育领域,由于互联网的接入和交互式媒体资源的发展,基于网络的学习方式在学校流行起来,同时,多媒体交互动画也被用作课堂演示。可以说,远程教育在互联网时代得到了前所未有的关注和发展。

4.1.5 移动互联时代:移动学习及开放教育资源

20 世纪末开始,随着手持移动设备(例如 PDA)的普及以及社会化学习理念的兴起,中小学和高校开始推进移动学习的方式。2002 年,美国的 Elliot Soloway 和 Cathie Norris 提出了一对一数字项目的概念(张浩、祝智庭, 2008),提倡给师生人手安排一部可联网的移动设备用于阅读、写作和信息检索等活动。一对一数字学习项目很快在全世界范围内得到了响应。自 2005 年开始,博客、微博、虚拟世界和社交网站等各种社交网络兴起,基于社交媒体的学习很快在教育领域中得到发展。2007 年亚马逊公司发布的电子阅读器设备 Kindle 以及 2010 年苹果公司发布的第一代平板电脑 iPad 直接促使基于手持移动设备的学习方式在教育领域得到了空前的关注。同时,平板电脑的多点触控交互方式使得电子教材这一教学媒体形式也得到了前所未有的发展和应用,电子教材被很多国家作为教育改革和创新的重要举措,例如,韩国政府从 2007 年开始启动电子教材项目,组织开发了大量的电子教材用于教学试验(Jang, Yi, and Shin, 2016)。另外,2006 年,Wing 提出计算思维概念的定义(Wing, 2006),编程教育再一次被推到教育改革的"风口浪尖"上。

20 世纪 90 年代中后期,鉴于对远程教育和在线学习效果的反思,人们认为可以将传统面授的方式与在线学习的方式结合在一起,被称为"混合学习"。混合学习结合了两种方式的优势,能更好地提升学习者的学业成就。自 2001 年起,混合学习的方式开始被研究者和实践者关注(陈纯槿、王红, 2013)。同年,麻省理工学院(MIT)提出"开放课程"(OCW)的概念。次年,开放教育资源(Open Educational Resources,简称 OER)的定义被提出,其理念和实践得到发展与应用,世界各地的学习者都可以享受到最优质的教育资源。2008 年,大规模开放在线课程(MOOC)的概念产生。2011 年,麻省理工学院、哈佛大学以及斯坦福大学开启了 MOOC 项目，MOOC 运动在世界范围内开展。学习者不仅通过 MOOC 获得了优质的数字教育资源，而且可以与世界各地的学习伙伴进行沟通交流。

4.1.6　小结：技术在教育中的发展阶段

根据历史图解法的研究结果，可以发现，自视觉教学运动以来，技术在教育中的应用经历了大众媒体时代、大型机时代、微型计算机时代、互联网时代以及移动互联时代。通过总结和归纳，不难发现，在过去的几十年里，教育中技术的形态如雨后春笋般涌现，特别是在互联网产生之后（Means 等，2013；Lin，Huang，and Liou，2013），每隔一到两年就会有新的技术产品或新的应用形态出现在教育领域中：计算机的形态不再局限于个人电脑，移动手持设备、智能手机、平板电脑和交互式电子白板等被引入到教学中。同时，信息交流与共享的方式发生重大变化：视音频会议系统、即时交流工具、社交网站和共享存储等应用广泛出现在学与教的活动中。虽然新的技术不断被引入到教学中，但是其结果往往是“新瓶装旧酒”，抑或“旧瓶装新酒”，这容易让教育研究者和实践者陷入“唯技术论”“唯概念论”的尴尬境地（杨宗凯，2015）：教育实践者难以选择合适的技术支持教与学，也可能无法将原有的经验迁移到新兴技术在教学中的应用。

从符号系统的角度来讲，教育中技术的发展经历了以幻灯片、胶卷、挂图和无声电影等支持图文呈现方式的视觉教育时代，以教育电影、教育广播和教育电视等支持图文和言语符号呈现方式的视听教育和视听传播时代，以录音带、录像带等为载体的多媒体学习时代和以教学软件、电脑动画等为载体的超媒体学习时代。相比较来说，视觉教育、视听教育和视听传播阶段的媒体形式比较单一，主要为文字、图像和声音，多媒体学习时代已经把文字、图像、声音和视频多种媒体元素融合在一起进行使用，而在超媒体学习时代，媒体形式不再局限于多媒体形式，而是增加了超链接、电脑动画、3D 动画等媒体形式。

从技术载体的角度来说，教育中技术的硬件经历了教学机器、大型机、微型计算机、手持移动设备、智能手机和平板电脑。然而，其背后的发展主要是处理能力的发展与演变。教学机器背后的程序教学思想直接推动了以学习者为中心的个别化教学思想和方法的发展与运用，程序教学运动失败的原因是当时硬件设备计算能力和用户体验不佳难以支撑其教学理念，但随着计算机计算性能和用户体验的提升，个别化教学系统和计算机辅助教学系统开始“继承”教学机器所预期实现的教学思想，而且由于教学理论、学习理论以及多媒体计算机技术的发展，计算机教育应用的理论与实践变得丰富起来：计算机辅助教学发展成为智能导学系统(J. A. Kulik and Fletcher，2016)；基于模拟的学习和游戏化学习也得到了快速的发展，增强现实和虚拟现实技术的引入预期可以提升学习者利用技术学习的体验；文字处理器、电子表格、数据统计软件、图形计算器等认知工具在学科教学中的应用实践也逐渐丰富与完善；由于互联网的接入以及多媒体学习资源的丰富，基于网络的学习也成为技术在教育中应用的重要形式。手持设备、智能手机和平板电脑等手持移动设备在学习中的使用使得技术在传统面对面的课堂中的应用延伸到非正式的学习场所。

从远程教育发展时间线上来讲，远程教育经历了函授教育、多媒体远程教育、电子学习、开放灵活的远程教育以及在线学习五个发展阶段。从函授教育到多媒体远程教育的发展，主要在于学习资料的媒体形式和载体发生了变化：学习资料的媒体从原来以文字和图像为主的印刷材料到以声音和视频为主的录音带和录像带，而学习方式仍主要以自主学习为主，交互方式仍主要以学习者与学习内容之间的交互为主。从多媒体远程教育到电子学习、在线学习的发展，不仅是学习资料的媒体形式发生了变化，其学习方式和交互方式也发生了重大的变化：交互式多媒体成为主要的学习资料，学习者与教师可以通过视音频会议系统进行实时交流与分享，也可以通过电子邮件、学习管理系统等方式进行异步的交流与分享。

综合分析，从时间阶段来讲，自视觉教学运动以来，技术在教育中经历了五大阶段；从技术载体来讲，技术在教育中经历了放映机、幻灯机、教学机器、大型机、微型计算机、手持移动设备、智能手机和平板电脑等；从符号系统来讲，媒体呈现形式在教育中经历了图文、声音、动画、视音频、超链接和 3D 等形式；从处理能力来讲，技术在教育中经历了程序教学、计算机辅助教学、智能导学系统、基于模拟的学习和游戏化学习、认知工具等形式；同时，也可从时空分离的角度来讲，技术在远程教育中经历了函授教育、多媒体远程教育、电子学习、开放灵活的远程教育和在线学习等形式。

4.2 不同阶段学者对技术在教育中所扮演角色的规定

本研究的第一个研究问题是：“自视听教学运动以来，教育中技术的发展脉络是怎样的？技术在教育中扮演了怎样的角色？”回答这一问题的目的在于回顾过去半个多世纪中技术在教育中的发展脉络和角色演变，为验证和讨论技术对学习影响的有效性提供历史情境。本部分的数据主要来自历史图解法和再分析所纳入元分析的文献计量学数据。

本部分主要从以下四个方面呈现相关的研究结果:(1)使用历史图解法总结归纳技术在教育中的发展阶段以及关键事件描述;(2)论述不同发展阶段中学者对技术在教育中角色的阐述,确定本研究所采用的技术在教育中角色的依据;(3)归纳不同发展阶段技术在教育中角色的演变以及本研究所纳入元分析的研究主题所属阶段;(4)呈现原始研究的文献计量学信息,绘制技术在教育中角色的曲线图,初步讨论已有研究在回答技术影响学习方面的局限性。

技术在教育中所扮演的角色是多样的,由于受到所处时代技术发展的限制,不同研究者对技术在教育中所扮演角色的认知不同。本部分阐述了在历史研究过程中以及再分析研究中所搜集到的不同历史阶段学者对技术在教育中所扮演的角色。关于本部分内容的呈现,本研究还有一个考虑,自视觉教学运动以来,技术在教育中的应用和形态比以往任何一个阶段的发展都要"迅猛",这一结果导致技术在教育中应用的方式和形态没有形成一个稳定的状态,有关教育技术的核心概念界定模糊,难以区分,造成研究者之间或研究者和实践者之间的对话"无效"(郭文革,2011)。"术语的统一将有助于对事实的理解和比较"(涂尔干和莫斯,2012),本部分不仅对已有的六种分类方式进行比较,而且对各种术语进行统一表述。本部分试图从不同学者的视野来形成一个稳定的分类方法和观察视角。

综合分析六位学者的阐述,本研究将这六种分类方式归纳为:面向教学工具的分类(Atkinson,1969),面向教学角色的分类(Taylor,1980),面向教学过程的分类(Alessi and Trollip,1985,1991),面向学习工具的分类(Means,1994),面向学习过程的分类(Bruce and Levin,1997)以及面向交互对象的分类(Schmid等,2009,2014)。结合技术在教育中的五大发展阶段可以看出,互联网出现之前,技术在教育中的应用主要表现为计算机(大型机和微型计算机,简称计算机)在教育中的应用,教育技术的分类基本等同于计算机教育应用的分类,主要有三种分类方式:Atkinson(1969)(转引自J. A. Kulik等,1985)的分类、Taylor(1980)的分类以及Alessi和Trollip(1985,1991)的分类;互联网出现之后,手持设备、智能手机、平板电脑和交互式电子白板等多种终端设备开始应用在教与学的过程中,师生之间和生生之间的信息交流与共享方式发生了重大的变化,这一阶段也有三种主要的分类方式:Means(1994)的分类、Bruce和Levin(1997)的分类以及Schmid等(2009,2014)的分类。本研究所涉及的六种分类方式的基本信息如表4-1所示。

表 4-1　技术在教育中的角色演化

阶段	研究者(发表时间)	分类方式	内容
互联网出现之前	Atkinson(1969)	教学工具	练习,导学,对话和 CMI
	Taylor(1980)	教学角色	导学,工具和受辅导者
	Alessi 和 Trollip(1985)	教学过程	导学,练习,模拟,游戏和测验
互联网出现之后	Means(1994)	学习工具	导学,CMC,探究性学习环境和认知工具
	Bruce 和 Levin(1997)	学习过程	媒体用于探究/沟通/建构/表达
	Schmid 等(2009, 2014)	交互对象	信息沟通与交换,认知支持,信息查询和检索以及内容呈现

4.2.1　面向教学工具的分类

Atkinson(1969)将计算机教育应用(CBE)分为四类:(1) 反复练习类应用(Drill-and-Practice),教师以传统讲授方式向学生呈现新的学习内容,随后,教师要求学生使用计算机进行循序渐进的练习;(2) 导学(Tutorial),教师既使用计算机向学生呈现概念的讲解,又要求学生使用计算机进行练习测验,以达到循序渐进辅导学生的目的;(3) 对话类应用(Dialogue),计算机以适应性的方式向学生呈现课程和练习,学生使用自然语言向计算机询问问题;(4) 计算机管理教学(Computer Managed Instruction,简称 CMI),计算机通过线上或线下的方式评估学生的学习效果,指导学生学习适当的教学资源,并记录学生的学习过程和结果(转引自 J. A. Kulik 等, 1985)。

该分类产生于大型机时代,此时计算机辅助教学系统的雏形已经产生,而且被用于教学实验,但是计算机在教学中的应用仍然停留在程序教学思想的层面。在该分类方式中,计算机在教学中主要扮演了"辅导者"(Tutor)的角色,这属于早期计算机辅助教学的阶段,也被认为是第一代导学系统,是智能导学系统发展的"雏形"(J. A. Kulik and Fletcher, 2016)。虽然 Kulik 等(1985)将其称为基于计算机的教学的分类系统,但从本质上来讲,这一分类系统只是延续程序教学思想对早期计算机辅助教学系统的分类,每一个子分类对应的教学系统在教学中产生的作用也不尽相同:反复练习类应用可以让学习者及时了解自己的掌握情况,并能根据反馈结果获得指导;辅导类应用增加了内容呈现的功能;对话类应用进一步增加了学习者与计算机对话的功能;计算机管理教学主要用于收集学习者学习过程的信息,评估其学习结果,并给予相应的指导和资源。因此,本研究将这种分类称为"面向教学工具的分类"。

4.2.2 面向教学角色的分类

Taylor(1980)将基于计算机的教学(CBI)分为三类:(1) 计算机作为导学(As a Tutor),计算机向学生提供学习资料,学生完成学习资料的学习,计算机评估学生的学习情况,以确定进一步向学生呈现什么内容,同时记录学生的学习过程;(2) 计算机作为工具(As a Tool),学生使用计算机通用软件进行统计分析、计算、绘图或者文字处理等;(3) 计算机作为受辅导者(As a Tutee),学生使用计算机能够"理解"的程序语言解决数学问题等,以帮助学习者提高问题解决能力。

这种分类方式产生于大型机时代和微型计算机时代的交界时期,学校纷纷开始开设计算机课程,引入计算机辅助教学系统,教育领域已经掀起计算机素养运动和 Logo 运动。这种分类方式超越了 Atkinson 的"面向教学工具的分类":该分类中的"计算机作为导师"(As a Tutor)已基本涵盖了 Atkinson(1969)的分类方式,同时将文字处理、计算、统计分析以及概念图等通用软件作为工具列为一类,而且还将计算机作为"受辅导者"列为一种独特的分类。这三种分类分别代表了计算机在教学中所承担的三种角色:教师、学习工具和学习者。因此,本研究将这种分类称为"面向教学角色的分类"。

Taylor(1980)在其著作中提醒读者,不能被这一框架所蒙蔽,因为越来越多的游戏、模拟以及各种模型开始应用于教学中,这一框架可以增加"玩具(Toy)"这一分类。但是最终 Taylor 并没有把该分类纳入整体的框架中,原因在于他认为这一框架应该是仅由前三种分类组成的。

4.2.3 面向教学过程的分类

Alessi 和 Trollip(1985, 1991)将计算机应用于教育看作一系列的教学方法,并将 CBI 分为五种主要的类型:(1) 导学(Tutorials);(2) 练习(Drills);(3) 模拟(Simulations);(4) 游戏(Games);(5) 测验(Tests)。其中,导学和练习与 Atkinson 分类中的反复练习类应用和导学类应用基本一致,而模拟用于展现物理世界中的物件和现象或者演示一些过程或概念等;游戏与模拟有些类似,但是游戏将学习者置于一种充满冲突与竞赛的情境之中;测验是改变传统纸质测验的方式,采用计算机测验系统进行测验。课堂教学过程主要包含讲解及演示、引导学生学习、学生练习以及评估学习四个阶段,Alessi 和 Trollip 认为计算机可以用于支持一个或多个阶段的课堂教学:导学主要用于展示信息和引导学生两个环节;练习和游戏主要用于学生练习环节,其目的在于帮助学习者熟练掌握和记忆学习内容；测验主要用于最后一个阶段；而模拟可以用于以上所有环节。

这种分类方式产生于微型计算机时代(Alessi and Trollip, 1985)，在互联网时代早期进行了修订与完善(Alessi and Trollip, 1991)。相比较前两种分类方式，该分类方式增加了模拟、游戏和测验三种分类，仍然保留导学和练习，这是相对于先前两种方式的“进步”之处，但是其缺点在于没有把电子表格、画图软件、文字处理软件等通用软件在教育中的应用单独列为一种分类，可以说，这种分类方式缺乏对学习过程和学习工具的关注。因此，本研究将这种分类称为“面向教学过程的分类”。

Allessi 和 Trollip(1991)在其著作最后指出，计算机管理教学(CMI)、交互式视频和专家系统可作为计算机应用于教学的高级方法，但是由于这三种方式可以实现前五种的一种或多种教学方法，他们不建议将这三种方式作为一种独特的教学方法。

4.2.4 面向学习工具的分类

Means(1994)认为在进行分类时，不能依据所使用的技术本身进行分类，而是要依据技术在教育中使用的方式。在此基本理念下，Means(1994)将计算机技术在教育中的应用分为四类：(1) 导学程序，导学程序直接通过向学习者提供信息、演示或练习的方式进行“教学”，其典型的程序为计算机辅助教学(CAI)，另外还有一些用于反复练习的游戏等；(2) 以计算机为中介的交流(CMC)，该方式通过电子邮件、计算机视频会议、计算机支持的协作学习以及互联网等方式允许教师和学生以小组的方式进行学习和协作，有利于师生之间和生生之间跨时空进行资源共享和交流；(3) 探究性学习环境，该分类的程序主要用于鼓励学习者进行积极的探究和发现式学习，主要包含微世界、模拟、超文本或超媒体学习环境等；(4) 认知工具，这主要包含文字处理器、电子表格、演示文档、概念图、几何画板、数据分析软件等通用软件在写作、数据存储、汇报演示、图形化表达以及数据分析过程中的使用，这类工具的使用主要是为了提升教学的趣味性、有效性和高效性等。

这种分类方式产生于互联网时代初期，相对来说较为全面，达到了其所要分类的目的。这一分类方式涉及不同类型的学习工具，因此，本研究将这种分类方式称之为“面向学习工具的分类”。但是，这种分类方式仍被认为缺乏对教育实践的认识，难以揭示教育技术的本质作用(Bruce and Levin, 1997)。也就是说，不论是早期计算机教育应用的分类方式，还是 Means(1994)的分类方式，其分类的出发点都是自“技术”到“学习”，缺乏对教育本质的认识。

4.2.5　面向学习过程的分类

杜威认为，儿童在发展过程中表现出四种本能：探究（发现事物）、沟通（运用语言及进入社交世界）、建构（建造或制造）以及表达（表达个人的感受和观点）；在设计和组织教与学活动时，要关注儿童自己直接的本能和活动，以发挥儿童的本能为核心目标，其主要原因在于儿童的成长是要依靠这些天赋资源的运用而发展的（Dewey，1943）。

鉴于先前的分类方式均以技术为出发点，缺乏对教育实践的认知，Bruce 和 Levin（1997）借鉴杜威儿童本能发展的观点，采用技术支持学习者本能发展来论述教育技术的分类。同时，他们认为，技术在教与学过程中起到中介效果（Mediational Function），学习是受到自身学习需要和兴趣而驱动发生的，因此他们采用“媒体”，而不是“工具”、“程序”或“应用”来描述教育技术的分类，即媒体用于沟通、媒体用于探究、媒体用于表达和媒体用于建构。该分类还详细描述了每一种子分类下面所纳入的软件、媒体或技术等，具体如下。

1. 媒体用于沟通

媒体用于沟通是指利用恰当的媒体实现与他人或群组的信息交流与分享，包括文件编制、沟通、协作和教学媒体：(1) 媒体用于文件编制，包括文本处理器、绘制草稿或图像、桌面出版以及演示文档等；(2) 媒体用于与其他学习伙伴进行沟通交流，包括电子邮件、BBS、社交网站和音频会议系统等；(3) 媒体用于协作，包括协作数据环境、群体决策系统和文件共享以及在线办公软件等；(4) 教学媒体，包括导学系统、练习系统和教学模拟等。

2. 媒体用于探究

媒体用于探究是指利用恰当的媒体发现新信息或事物等，包括理论建构、数据获取、数据采集和数据分析：(1) 媒体用于理论建构是指技术作为媒体用于思考，包括模型探索和模拟工具包、数据建模以及知识表征；(2) 媒体用于数据获取是指连接文本、视频和数据的世界，包括超文本和超媒体环境、数字图书馆或数据库等；(3) 媒体用于数据收集是指使用技术来延伸感官的作用，包括通过网络远程访问科学仪器和虚拟实验室等；(4) 媒体用于数据分析是指使用技术来分析已有的数据，包括数据统计分析等。

3. 媒体用于表达

媒体用于表达是指利用恰当的技术或媒体表达个人或团队的观点、方法或产品等，包括演示文档制作、海报制作、音乐制作以及交互式视频制作等。

4. 媒体用于建构

媒体用于建构是指利用恰当的技术制造或建造人造物,例如,控制系统、机器人、计算机辅助设计和图像绘制软件等。

这种分类方式的提出处于互联网时代和移动互联时代的交界时期,相比较来说,该分类不再局限于某一种或某几种技术在教与学中的作用,超越了特定时期技术在教与学中的使用形态;其内容涵盖更为具象,研究者和实践者可以容易地以这种分类方式为桥梁实现对话和沟通;其描述的教育技术分类背后所包含的教育技术的“本质”特征和发展形态是相对稳定的,而先前的分类方式容易陷入教育技术的本质特征一直在发生变化的困境。

该分类方式基于杜威关于儿童发展过程中的四种本能:探究、沟通、建构以及表达,这四种本能可以看作是学习者学习的四个阶段,因此,本研究将这种分类方式称为“面向学习过程的分类”;这种分类方式以学习者为中心,实现了自“学习”到“技术”,是教育技术分类方式的一大进步。

4.2.6 面向交互对象的分类

Schmid 等(2009, 2014)将技术在教育中的应用分为四种:(1) 促进沟通和/或促进信息交换,这类主要包含那些能够促使个体之间实现高水平交互的技术,例如可以实现生生之间或师生之间双向交流的工具;(2) 为学习者提供认知支持,这类主要包含那些为或促使、或促进、或支持学习而提供的认知工具,例如,概念图、模拟、维基、精细化反馈、电子表格以及文字处理软件等;(3) 促进信息查询与检索,这类主要包含那些勇于促使和/或促进获得额外信息的技术和工具,例如,网页链接、搜索引擎和电子数据库等;(4) 促使或增强内容呈现,这类主要包含那些教师用于演示或传授,说明或充实教学内容的工具,例如,演示文档、图形可视化以及具有交互特征的计算机导学程序等。

Schmid 等(2009, 2014)的分类方式的提出是在移动互联时代,该分类方式主要在于对高等教育阶段技术在教学中所起的作用进行分类,其分类“促进沟通和/或促进信息交换”与 Means(1994)中的 CMC、Bruce 和 Levin(1997)中的沟通所包含的内容基本一致;分类“提供认知支持”和分类“促进信息查询与检索”与 Means(1994)的认知工具一致,是 Bruce 和 Levin(1997)探究的一部分;而分类四“促使或增强内容呈现”是 Means(1997)的导学或探究性学习环境的一部分,是 Bruce 和 Levin(1997)的“沟通”中教学媒体以及“探究”中“数据获取”的一部分,由此可以看出,Schmid 等(2009, 2014)的分类方式并不系统,属于现阶段一般意义上技术在教学中的应用,是教育技术分类的子集。

4.2.7 小结

通过比较 Atkinson(1969)、Taylor(1980)、Alessi 和 Trollip(1991)、Means(1994)、Bruce 和 Levin(1997)以及 Schmid 等(2009, 2014)六种教育技术的分类方式,可以发现,这六种分类方式的视角均不相同,但是每一种分类方式都能够恰当体现当时教育技术发展的脉络。早期计算机教育应用的三种分类方式对当时计算机在教育中的应用进行了较为全面的阐释,符合当时计算机在教育应用中的情况,而且每一种分类方式基本上都对潜在的计算机教育应用方式进行了阐述。相比较来说,Taylor(1980)的"计算机作为导学"能够涵盖 Atkinson(1969)的分类以及 Alessi 和 Trollip(1985, 1991)中导学和练习两个子分类。从历史上来说,"计算机作为导学"起源于程序教学。但在大型机和微型计算机时代,"计算机作为导学"主要涉及两个方面:一是用于呈现交互式、动态图画或者其他教学辅助材料;二是用于收集和存储学习者的学习过程信息,并判断如何为学习者呈现合适的学习资料。由于这种方式所完成的辅助性工作与助教完成的基本类似,因此,"计算机作为导学"通常可以分为计算机辅助教学(CAI)和计算机管理教学(CMI),二者统称为计算机教育应用(CBE)。实际上,当时所开发的计算机辅助软件可能是多个功能的集合,后来,CMI 和 CAI 就发展成为智能导学系统(Intelligent Tutoring System,简称 ITS);"计算机作为工具""计算机作为受辅导者"以及测验都被列为比较独立的分类。

互联网时代教育技术的三种分类方式中,Means(1994)和 Schmid 等(2009)的两种分类方式延续早期计算机教育应用分类方式,以技术在教育中应用的方式为出发点,采取自"技术"而"学习"的方式,两种分类方式基本一致,但 Means(1994)的内容涵盖更全面:Schmid 等(2009)的"用于沟通或信息交换"子分类与 Means(1994)的 CMC 分类一致,"用于提供认知支持"子分类与 Means(1994)的认知工具分类一致,"用于信息查询和检索"子分类与 Means(1994)的探究性学习环境部分一致,"探究性学习环境"中关于微世界、模拟部分没有体现,"用于内容呈现"子分类与 Means(1994)的导学分类部分一致,"导学"中关于"练习辅导"部分没有体现。相比较来说,Bruce 和 Levin(1997)的分类方式是一种开放式框架,基本上可以不受限于技术的发展或者技术在教育中的应用情况,灵活性相对较强,一旦有新的技术形态被引入到教育中,可以直接进行安置,不再需要改变分类结构和框架。

总而言之,早期计算机教育应用分类、Means(1994)和 Schmid 等(2009, 2014)的分类方式没有体现出新旧学习技术之间的衔接与继承关系,仅呈现出某一特定时间段内技术在教育中的形态。更为重要的是，这几种分类体系相对比较封闭，一旦出现新的学习技术形态，难以将其纳入现有的分类体系中。事实上，就像郭文革(2011)所描述的那样，教育中"技术"的概念一直随着技术本身的发展而不断变化，"没有形成一个稳定的分析变量和观察单位"。相比较来说，Bruce 和 Levin(1997)的分类框架以支持学习者本能的发展为中心，其所表达的教育技术的本质是稳定的，可以作为本研究教育技术分类的标准之一。

4.3 本研究所纳入元分析的分类结果

根据对六位学者关于技术在教育中所扮演角色的综合分析，本研究参照杜威的儿童本能发展以及 Bruce 和 Levin(1991)的分类结果认为，他们的分类方式所表达的教育技术的本质是稳定的，可以作为不同阶段、不同技术对学习产生影响的"分析变量"。根据前面的分析结果，接下来本部分将按照支持学习者"沟通"、"探究"、"表达"、"建构"和"评估"本能发展来论述每一发展阶段技术所扮演的角色，以及本研究所纳入元分析的分类结果。

4.3.1 早期教育技术

本研究将大众媒体时代和大型计算机时代的教育技术发展统称为早期教育技术，主要包括视听教学、程序教学以及个别化教学系统，其分类和形态如表4-2所示。这三类典型的早期教育技术形态主要在教学演示和辅导阶段起到了支持的作用，难以对其他类型的学习过程起到支持作用，主要原因在于在这一阶段，技术在教学中的应用仍然属于"奢侈品"，学习者难以获取技术，而仅仅只有教师可以使用技术。

表 4-2 早期教育技术的分类及主要形态

教育技术形态		探究	沟通	建构	表达	评估
视听教学	幻灯片		√			
	教学电影		√			
	教学电台		√			
	教学电视		√			
	微格教室教学		√			√
程序教学			√			
个别化教学系统			√			

视听教学是媒体教学技术发展的重要形态之一，其主要形态有教育电视、教育电影、多媒体、静态幻灯片以及微格教室教学等。从学习过程的维度来讲，视听教学主要用于教师演示教学内容。而微格教室教学既有辅导的作用，更兼具评估的功能。视听教学是多媒体学习发展的早期阶段。在所纳入的元分析中，研究视听教学技术对学习影响的元分析有两项，分别是：Cohen，Ebeling 和 Kulik(1981)以及 Fukkink、Trienekens 和 Kramer(2011)的研究，前者研究了视听教学对大学生学习的影响，后者研究了视频作为反馈对师范生学习的影响。由此可见，虽然视听教学这一名词早已成为过去，但是其所包含的“从媒体中学习”的思想仍然在当下的教育技术发展中有所体现。同时，本研究所纳入的元分析主要研究视听教学技术对大学生学习者的影响，缺少关于其对中小学生学习的影响。

程序教学作为现代教育技术发展的基石，是个别化教学技术发展的重要形态之一，也是行为主义学习理论应用于教育技术实践的典型形态。程序教学的基本特征是：具有明确的教学目标；教学内容被拆解成多个片段，学习内容难度逐层增加、有序排列；要求学习者积极地反馈，学习结果也会及时反馈给学习者；学习者可以自定学习步调。与程序教学类似的还有个别化教学系统，从学习过程的维度来讲，程序教学和个别化教学系统主要用于辅导学习者学习或练习，是计算机辅助教学的雏形。关于程序教学和个别化教学系统对学习影响的元分析有两项，分别是：C.-L. C. Kulik、Schwalb 和 Kulik(1982)以及 Willett、Yamashita 和 Ronaldd(1983)的研究，前者研究了程序教学对中学生学习的影响，后者研究了个别化教学系统对中小学科学学习的影响。由此可见，本研究所纳入的元分析主要研究程序教学和个别化教学系统对中小学生的影响，缺少对大学生和成人学习者学习的影响。

4.3.2 微型计算机时代教育技术

20 世纪 70 年代后期，随着微型计算机软硬件技术的发展，加之程序教学运动的衰落，人们发现先前利用教学机器难以实现的程序教学思想可以利用微型计算机程序来实现。自此，人们开始关注微型计算机在教学中的应用，以微型计算机取代教学机器。相比较早期教育技术的发展，微型计算机时代的教育技术覆盖已经相对比较全面，从媒体形式的角度来讲，现阶段使用的媒体资源主要是多媒体教学资源，例如，多媒体课件、面向学前儿童的有声读物或故事书以及交互式视频；从个别化教学系统的角度来讲，现阶段的教学系统有计算机辅助教学(CAI)、计算机管理教学(CMI)以及计算机辅助测验(CAT)；由于计算机软件技术的发展和普及，各种通用软件在教学中的应用也可以作为微型计算机时代一种典型的教育技术分类，主要有文本处理、电子表格、图形计算器、几何画板、统计分析、概念图和演示文档等，同时，程序语言设计也被应用于问题解决的学习中。总的来说，微型计算机时代产生和发展的教育技术形态有以 CAI、CMI 为代表的教学系统、计算机辅助测验（CAT）、通用工具、程序设计以及多媒体学习，其分类和形态如表 4-3 所示。一般来说，可以将 CAI、CMI、CAT、通用工具以及程序设计统称为基于计算机的教学（CBI）。

表 4-3 微型计算机时代教育技术的分类

教育技术形态		探究	沟通	建构	表达	评估
CAI		√				
CMI		√				
CAT						√
程序设计		√		√		
认知工具	文本处理		√		√	
	电子表格	√	√			
	图形计算器		√	√		
	几何画板		√	√		
	统计分析	√	√			
	概念图		√		√	
	演示文档		√		√	
远程教育		√	√			
多媒体	多媒体课件	√	√			
	多媒体资源	√				
	有声读物	√	√			
	交互视频	√	√			

对于以 CAI、CMI 为代表的教学系统来说，其主要延续了程序教学和个别化教学系统的作用，从学习过程的维度来讲，仅仅用于演示辅导；而对于通用工具来说，其在学习过程中所支持的功能与其原有功能类似，例如，文本处理主要用于文本编辑和写作，电子表格主要用于数据采集、整理和分析，概念图主要用于绘制知识结构图、制定计划等，但对于每一种通用工具来说，都可用于教学演示；对于程序设计来说，其主要通过程序语言的学习提升学习者问题解决能力和逻辑思维能力。在所纳入的元分析中，研究计算机应用于教学对学习影响的元

分析有27项，其中10项研究了计算机辅助教学(CAI)对学习的影响，6项研究了文本处理软件、图形计算器(包含几何画板)以及概念图的使用对学习的影响，12项研究了计算机应用于教学对学习的影响。在10项关于CAI对学习影响的研究中，主要包含：对中小学生学习的影响，对语言类学习或统计类课程学习的影响，对某一国家学习者学习的影响，不同类型CAI对学习的影响以及CAI中学习者控制与程序控制对学习的影响。由此可见，本研究所纳入的元分析缺少CAI对大学生学习的影响。在6项关于通用软件对学习影响的研究中，两项研究是关于文本处理器对写作的影响，其中一项研究关注其对大学生写作的影响，另一项关注其对写作能力差的中小学学习者的影响；两项研究是关于概念图对学习的影响，其中一项是对中学生的影响；一项是图形计算器对中小学生数学学习的影响；一项是动态几何画板对中小学生数学学习的影响。由此可见，本研究所纳入的通用工具的使用主要面向中小学生的使用，或面向某一学科的使用；此外，在所纳入的元分析中，缺少教学演示软件的使用对学习的影响。在12项关于计算机应用于教学对学习影响的研究中，主要包含：对中小学或大学阶段学生学习的影响，或对数学或程序设计的影响，或利用计算机开展学习对学业表现的影响。相比较来说，在所纳入的研究中，关于计算机应用于教学中对学习影响的元分析较为全面。而本研究所纳入的研究中，缺少关于CAT对学习者学业成就的影响。

多媒体是指词语和画面共同呈现的材料(迈耶，2005)。其中，“词语”是指视觉的文字和听觉的话语，“画面”是指视觉的静态画面或动态画面。由视觉通道加工的主要是文字、图像和画面，由听觉通道加工的是声音。而多媒体学习资源不仅仅起到演示辅导的作用，而且可用于发现事物、获取信息。本研究所纳入的五项研究与多媒体原则有关，分别是：Adescope和Nesbit(2012)关于文字加解说、只有文字以及只有解说三种形式对学习者学习效果的影响；Ginns(2005)关于使用文本和声音组合方式与使用文本和图像组合方式对学习者学习效果的影响；Ginns(2006)关于文本和图像的位置摆放和出现顺序对学习者学习效果的影响；Montero Perez等(2013)关于视频中是否有字幕对学习者听力理解和词汇学习的影响；以及Richter等(2016)关于标记对学习者学习的影响。但是，本研究所纳入的元分析缺少专门研究多媒体远程学习相关的研究。

而在这一阶段，远程教育的主要形式是多媒体远程学习。相比较前一阶段，远程教育学习者的学习资料除了纸质材料之外，还包含一些多媒体学习资料，例如，单机版CAI、多媒体课件和交互视频等。从学习过程的维度来讲，远程教育主要用于演示和辅导，也可用于信息的获取。本研究所纳入的元分析没有专门研究这一阶段远程教育对学习的影响。

4.3.3 互联网时代教育技术

互联网时代远程教育得到了前所未有的发展。远程教育经历了电子学习、开放灵活的远程教育两个阶段。一般来说,远程教育是源于传统面对面教学方式难以满足工业社会对人才培养和发展的需求而产生的一种新型教育教学形态,其形态从早期的函授教育开始,发展为多媒体远程学习,到在线学习、基于互联网的学习,再到混合学习。一般来说,没有在线方式传递学习内容的可以称之为传统方式,在线方式传递教学的比例在1%~29%之间的是网络辅助学习,在30%~79%之间的是混合式学习,超过80%的是在线学习(Allen, Seaman, and Garrett, 2007)。

根据Taylor(2001)关于远程教育发展五阶段的论述,本研究将所纳入的研究分为两大类:第一类,关注第二阶段和第三阶段远程教育对学习者学业成就的影响。为描述方便,本研究将这类远程教育称为"电子学习",其中Bernard等(2004)、Bernard等(2009)、Borokhovski等(2012)、Lou等(2006)和Zhao(2005)的属于这类研究。Bernard等(2009)和Borokhovski等(2012)研究了远程教育中三种互动类型对学业成就的影响,Lou等(2006)研究了远程教育中学习步调(同步和异步)对学业成就的影响。第二类,关注第四阶段和第五阶段远程教育对学习者学业成就的影响。为描述方便,本研究将这类远程教育称为"在线学习",其中Broadbent和Poon(2015),Means等(2013),Lin、Huang和Liou(2013),Lin(2014),Lin(2015a)和Lin(2015b)的研究属于这类;Lin、Huang和Liou(2013),Lin(2014)和Lin(2015a,2015b)主要研究了以计算机为中介的交流(CMC)对语言学习的影响。但是,本研究所纳入的元分析缺少关于社交媒体的使用对学习影响的研究。

随着互联网的产生和发展,超文本的引入使得原有的数字化学习资源由线性组织方式转为"非线性,随机访问"的方式。超媒体和动画形式的数字化教学资源被认为能够满足当下学习者的学习需求和学习方式。本研究所纳入的七项研究与超媒体学习有关:Abraham(2008)和Yun(2011)两项研究都研究了超文本词汇对学习者第二语言学习的影响;Berney和Bétrancourt(2016)、Höffler和Leutner(2007)以及McElhaney等(2015)三项研究研究了教学动画和动态可视化对学习者学习的影响;Guo和Goh(2015)以及Schroeder等(2013)两项研究研究了教学代理对学习者学习的影响。

总的来说,互联网时代产生和发展的教育技术形态有:CMC、超文本、交互式电子白板以及虚拟学习环境等，其分类和形态如表 4-4 所示。

表 4-4　互联网时代的教育技术分类

教育技术形态		探究	沟通	建构	表达	评估
CMC	电子邮件		√			
	电子公告		√			
	即时通信					
超文本		√				
电子数据库		√				
电子图书馆		√				
交互式电子白板						
虚拟学习环境	LMS		√			
	模拟	√	√	√		
	游戏	√	√			
智能教学系统						
在线课程		√	√			
交互型课件		√	√			
交互型读物		√	√			

4.3.4　移动互联时代教育技术

被纳入的两项关于移动设备的元分析研究(Sung, Chang, and Liu, 2016; Sung, Chang, and Yang, 2015)都是关于使用移动设备支持教学与传统教学学习效果比较的研究，因此都属于媒体比较取向的研究，其中 Sung、Chang 和 Yang(2015)比较了移动设备支持语言学习的效果。

本研究纳入的三项关于即时反馈系统的元分析都是关于使用即时反馈系统(Instant Response System，简称 IRS)和传统课堂学习效果比较的研究，因此都属于媒体比较取向(Castillo-Manzano 等, 2016; Chien, Chang, and Chang, 2016; Hunsu 等, 2016)。然而，三项研究的关注点并不一样：Castillo-Manzano 等(2016)主要研究了 IRS 的使用对学业成就的影响，Hunsu 等(2016)不仅研究了 IRS 对学业成就等认知学习结果的影响，还研究了其对非认知学习结果的影响，而 Chien 等(2016)主要为了验证可能解释使用 IRS 能够提高学业成就相关的六个理论。在所纳入的元分析研究中，仅有一项研究了一对一学习对学习成就的影响(B. Zheng 等, 2016)。另外，还有三项研究混合学习对学业成就的影响(Bernard, Borokhovski, Schmid, Tamim, and Abrami, 2014; Means 等, 2013; Spanjers 等, 2015)。

从所纳入的研究来看,没有关于电子书阅读器、社交媒体、MOOC、3D 打印等对学习影响有效性的研究。使用 Web of Science 中的"创建跟踪服务"发现,自 2017 年到目前为止,已有两篇关于社交媒体的使用对学习影响有效性的研究(Huang, 2018; Liu, Kirschner, and Karpinski, 2017)。总的来说,移动互联时代产生和发展的教育技术形态有:移动终端支持的教学、CMC、虚拟学习环境、电子教材、OER 等,其分类和形态如表 4-5 所示。

表 4-5 移动互联时代教育技术分类

教育技术形态		探究	沟通	建构	表达	评估
移动终端支持的教学	PDA	√				
	电子书阅读器	√				
	平板电脑	√	√	√	√	
	应答器		√			√
CMC	即时通信	√	√			
	网络日志		√		√	
	社交网站		√		√	
	视音频会议		√			
虚拟学习环境	虚拟现实	√		√		√
	增强现实	√				
	虚拟世界	√	√	√		
	虚拟实验	√				√
电子教材		√	√			
OER		√	√			
MOOC		√	√			
3D 打印				√		
教育机器人				√		
计算机编程				√	√	

4.4　技术在教育中所扮演角色的演变趋势

技术主要用于支持学习者“沟通”、“探究”、“表达”、“建构”和“评估”本能发展，除此之外，沟通维度分为言语沟通、协作和教学演示三个子维度，探究维度分为理论建构、数据获取、数据收集和数据分析四个子维度。

4.4.1　沟通-探究-表达-建构-评估

本研究纳入元分析原始研究发表时间分布情况如图 4-1 所示。由此可以看出，自 1985 年以来，研究数量呈现急剧上升的趋势，绝大多数原始研究聚焦在支持学习者“沟通”本能的发展，其次是支持“探究”本能的发展，而支持“表达”、“建构”和“评估”本能的发展相比而言少之又少。

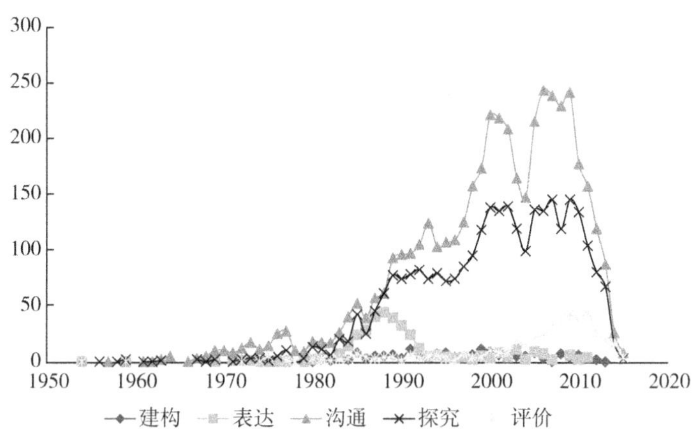

图 4-1　原始研究发表时间和数量

这似乎充分印证了 Zhao 等(2015)关于技术在教育应用中的错误之一，即把技术当作消费的工具(Technology as Tools for Consumption)，而不是作为学习者创造和生产的工具使用(Technology as Tools for Creating and Producing)。不论是早期的视听教学、计算机辅助教学、多媒体学习资源，还是当下的电子教材、在线视频，其主要的目的仍然是将学习内容以精加工的方式呈现给学习者进行学习。而事实上，学习者作为一个能动的个体，更善于且乐于以一种设计者、创造者和生产者的角色参与到学习发生的过程之中。

需要说明的是，不论对于支持哪一种本能发展的技术，在 2010 年都出现了急剧下滑的趋势。这主要可能是由于元分析研究是一种事后回溯研究，由于发表周期或研究者占有资料的不完整，研究者纳入研究时并不全面。

4.4.2 言语沟通-协作-教学演示

将“沟通”维度下原始研究发表时间和数量单独呈现，如图 4-2 所示。由此可以看出，在沟通维度下，技术应用于教学演示的占比最高，其次是与他人交流沟通，而与他人协作最低。一般来说，教学演示过程中，学习者主要以被动的方式接收信息，与教师、学习伙伴和学习内容的交互极少。如果学习者本身缺乏学习的兴趣和积极性，那么仅仅采用演示的方式难以让学习者有“参与感”和“获得感”。

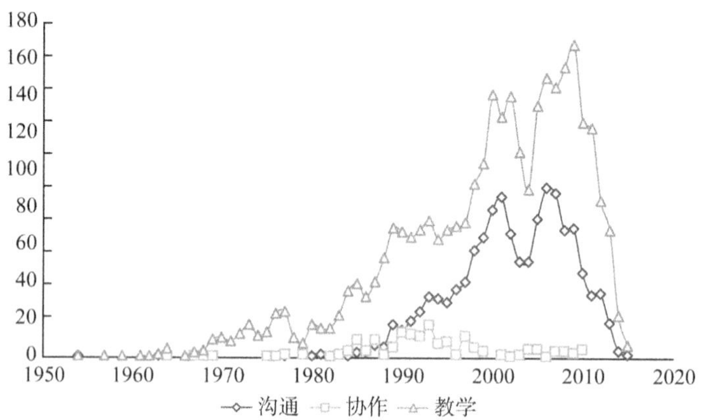

图 4-2 沟通维度下原始研究发表时间和数量

4.4.3 理论建构-数据获取-数据收集-数据分析

将“探究”维度下原始研究发表时间和数量单独呈现，如图 4-3 所示。由此可以看出，在探究维度下，技术应用于数据获取的占比极高，而用于理论建构、数据收集和数据分析的比例极低。自从互联网诞生以来，学习者比以往任何时候都更容易获得学习资源。然而，仅仅获得资源并不代表学习的发生，对所获学习资源和数据的加工和处理才能使得学习真正发生。

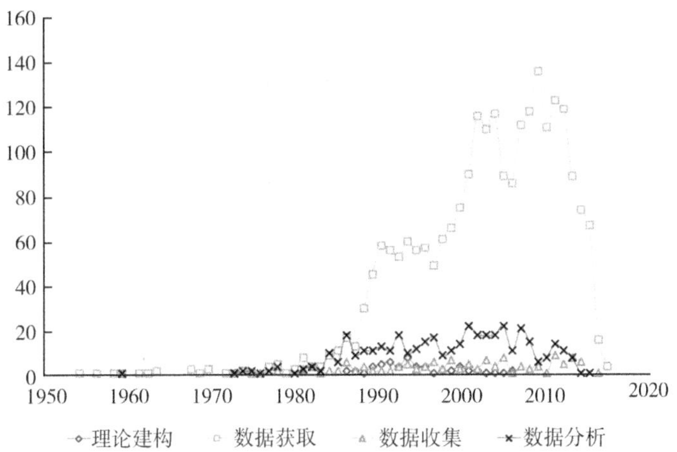

图 4-3　探究维度下原始研究发表时间和数量

4.5　小结与讨论

在梳理技术在教育中的发展脉络和所扮演角色的基础上，本部分提出了自视觉教学运动以来，技术在教育中的分析和分类框架，总结和归纳了教育中技术的五大发展阶段：大众媒体时代、大型机时代、微型计算机时代、互联网时代以及移动互联时代，并从技术载体、符号系统和处理能力三个方面较为详尽地阐述了每一阶段中主要技术的属性；在辨析不同学者对不同时代技术在教育中所扮演角色的阐述的基础上，提出本研究所采用技术在教育中所扮演角色的分类方式，并阐述每一个发展阶段中典型技术所扮演角色以及本研究所纳入元分析的所属分类结果。

基于此，本研究认为，技术在教育中的发展历史可以从三个方面进行论述：(1) 发展阶段，大众媒体、大型机、微型计算机、互联网以及移动互联五个时代；(2) 属性，技术载体、符号系统和处理能力；(3) 角色，用于沟通、用于探究、用于表达、用于建构以及用于评估。这就是本研究所提出的技术在教育中的发展历史分析框架。

通过总结和分析可知，技术采纳与教育技术的有效性是一个动态变化的过程，且人们对信息技术在教育中的作用受限于所处时代技术的发展。早期人们对计算机在教育中的应用主要体现在“练习和导学”等方面，这主要受限于当时广播电视和大型计算机的性能，不论是广播电视，还是计算机，都是只停留在内容传递的教学媒体层面。随着微型计算机在教育中的应用,计算机素养运动和Logo语言在教学中的应用,对计算机在教育中的应用,人们开始关注其作为一种“受辅导者”的角色,同时,计算机被用于问题解决等高阶思维的发展,其用于“建构”的作用开始显现出来。其后,随着通用软件在教育中的应用以及教学软件的多媒体化趋势,信息技术作为认知工具和探究性学习环境的角色受到关注。

同时,技术的特征与技术在教育中的采纳存在“适用性效率”(Adaptive Efficiency)(杨浩等, 2015);随着技术的演进,教育对技术的采纳也存在一个适应性的阶段。举例来说,从早期函授教育,到广播技术在教育中的应用,到教学电视在教学中的应用,再到多媒体交互技术在教育中的应用,以及互联网技术在教育中的应用,甚至当下的在线同步视频技术在教育中的应用,能够很好地论述这一观点,同时,这也印证了技术支持教与学的“变”与“不变”,“不变”的是远程教育与在线学习打破了教学时空的限制,实现了学与教的分离;“变”的是远程教育和在线学习的临场感越来越强。纵观技术在教育中的发展与演变历史,其本质上是人们对教育技术价值的认识过程。

另外,从研究结果也可以看出,技术在教育中的应用主要集中支持学习者“沟通”和“探究”本能的发展,缺乏支持学习者“表达”和“建构”本能发展的技术。不论对于研究者来说,还是对教育实践者、教育政策制定者和管理者来说,这都是值得关注和反思的问题。

第五章

技术促进学习的有效性

本研究的第二个研究问题是“技术的使用在多大程度上影响了学习者的学习？不同类型技术的作用大小又怎样？”。回答这一问题的目的在于以效应量为指标，衡量技术促进学习的有效性。本部分的研究数据主要来自再分析。

本部分主要从以下六个子部分呈现相关的研究结果：

(1) 呈现纳入元分析的基本信息，如发表期刊、发表年份、作者所在国家或地区、所涉及的年级和学科等；(2) 呈现纳入元分析方法学质量的评估结果，以及方法学质量与效应量之间的相关关系；(3) 呈现纳入元分析所析出效应量基本信息，如效应量大小的分布情况、平均值以及差异性情况；(4) 呈现纳入元分析的研究特征（如发表年份和原始研究数量）与效应量之间的相关关系；(5) 呈现不同阶段技术对学习影响的大小；(6) 呈现技术对学习成就影响大小排名。最终还对已有研究结果进行了总结与讨论。

5.1 纳入元分析的基本信息

5.1.1 纳入元分析发表期刊分布

本研究纳入的 111 项元分析主要分布在 41 个期刊上，其分布如表 5-1 所示。由此可以看出，教育技术学领域 SSCI 期刊发表的元分析研究主要集中在 *Review of Educational Research*（16 项），*Computers & Education*（12 项），*Journal of Educational Computing Research*（11 项），*Educational Research Review*（8 项），*Journal of Educational Psychology*（6 项），总计 53 项，占 111 项元分析的 47.75%。由此，可以初步判定，元分析已经成为国际教育技术学领域学术共同体认可的研究方法。

但是，对照教育技术类 SSCI 期刊目录，本研究发现，*Journal of Computer Assisted Learning* 等教育技术类 SSCI 知名期刊所发表的研究并没有符合本研究标准的元分析。事实上，在第一轮的检索过程中，该期刊共检索出 11 篇文章。经过筛选，研究者发现 11 篇文章均不符合本研究的纳入标准。虽然有些文章在文章标题和摘要中都报告使用了元分析，但通读全文发现，这些研究仅仅是系统化的文献综述，并未对纳入的实验研究结果进行整合，因此被排除掉。

表 5-1 纳入元分析发表期刊分布及期刊影响因子

期刊名称	纳入数量	比例
Academic Medicine	2	1.80%

续表

期刊名称	纳入数量	比例
Advances in Health Sciences Education	2	1.80%
Asia Pacific Education Review	1	0.90%
Australasian Journal of Educational Technology	1	0.90%
BMC Medical Education	1	0.90%
British Journal of Educational Technology	3	2.70%
Computer Assisted Language Learning	2	1.80%
Computers & Education	12	10.81%
Computers in Human Behavior	3	2.70%
Distance Education	1	0.90%
Educational Psychologist	1	0.90%
Educational Psychology Review	2	1.80%
Educational Research Review	8	7.21%
Educational Sciences-Theory & Practice	3	2.70%
Educational Technology & Society	1	0.90%
Educational Technology Research and Development	2	1.80%
IEEE Transactions on Learning Technologies	1	0.90%
Internet and Higher Education	1	0.90%
JAMA	1	0.90%
Journal for Research in Mathematics Education	1	0.90%
Journal of Computing in Higher Education	3	2.70%
Journal of Educational Computing Research	11	9.91%
Journal of Educational Psychology	6	5.41%
Journal of Educational Research	1	0.90%
Journal of Literacy Research	1	0.90%
Journal of Research in Science Teaching	1	0.90%
Language Learning & Technology	3	2.70%
Learning and Instruction	3	2.70%
Medical Education	3	2.70%

续表

期刊名称	纳入数量	比例
Medical Teacher	1	0.90%
Nurse Education Today	1	0.90%
Personnel Psychology	2	1.80%
Reading and Writing	1	0.90%
Reading Research Quarterly	1	0.90%
Re CALL	2	1.80%
Review of Educational Research	16	14.41%
Science Education	1	0.90%
Studies in Science Education	1	0.90%
System	1	0.90%
Teachers College Record	2	1.80%
The Asia-Pacific Education Researcher	1	0.90%

5.1.2 纳入元分析发表年份分布

本研究所纳入的111项文章发表年份分布如表5-2所示。由此可以看出，教育技术学领域发表在SSCI期刊的元分析文章主要集中在2005年以后，仅2013年(15项)、2014年(15项)、2015年(14项)、2016年(15项)四年就发表59项，占纳入研究总数的53.15%。从某种程度上可以看出，近年来教育技术学领域研究者越来越重视元分析研究方法。这也说明教育技术学领域已经积累了大量的实验研究可供研究者进行综合。

表5-2 纳入元分析发表年份分布

年份	数量	比例	年份	数量	比例
1980	1	0.90%	2003	1	0.90%
1981	1	0.90%	2004	1	0.90%
1982	1	0.90%	2005	2	1.80%
1983	2	1.80%	2006	4	3.60%
1985	1	0.90%	2007	2	1.80%
1991	2	1.80%	2008	6	5.41%

续表

年份	数量	比例	年份	数量	比例
1993	2	1.80%	2009	4	3.60%
1995	2	1.80%	2010	3	2.70%
1996	1	0.90%	2011	5	4.50%
1997	1	0.90%	2012	6	5.41%
1998	1	0.90%	2013	15	13.51%
2000	1	0.90%	2014	15	13.51%
2001	1	0.90%	2015	14	12.61%
2002	1	0.90%	2016	15	13.51%

5.1.3 纳入元分析第一作者所在国家或地区分布

本研究所纳入的111项文章第一作者所在国家或地区的分布如表5-3所示。由此可以看出，教育技术学领域SSCI期刊发表的元分析主要集中在美国(52项)、加拿大(17项)以及中国(15项)等国家和地区，共占纳入研究数量的68.97%。纳入研究第一作者所在单位发表文章数量较多的学校或者研究单位是加拿大Concordia University(8项)，中国台湾师范大学(4项)，中国台湾清华大学(4项)，美国The University of Michigan(4项)，美国Mayo Clinic College of Medicine(3项)，美国Slippery Rock University(3项)，美国Washington State University(3项)，共占纳入研究数量的25%。

表5-3 纳入研究第一作者所在国家或地区分布

第一作者所在国家或地区	发表篇数	第一作者所在国家或地区	发表篇数
意大利	1	韩国	3
新加坡	1	澳大利亚	3
斯洛文尼亚	1	德国	4
瑞士	1	土耳其	5
日本	1	荷兰	9
葡萄牙	1	中国	15
罗马尼亚	1	加拿大	17
比利时	1	美国	52

5.1.4 纳入元分析所涉及的年级

本研究所纳入的元分析所涉及的年级分布有聚焦于特定学段的(例如,小学、中学),也有聚焦于多个学段的(例如,中小学、中学和大学),还有聚焦于全年龄段的。总的来说,聚焦于全年龄段的元分析研究数量最多,其次是大学及以上。本研究纳入的 111 项元分析所涉及年级的分布如表 5-4 所示。

表 5-4 纳入元分析所涉及年级的频率分布

年级	频率	比例
学龄前/小学低年级	4	3.60%
小学	2	1.80%
中小学	12	10.81%
中学	7	6.31%
中学/大学	5	4.50%
大学及以上	29	26.13%
不限	52	46.85%
总计	111	100%

5.1.5 纳入元分析所涉及的学科

本研究所纳入的元分析所涉及的学科主要有:语言学习、医学、读写、数学/统计、科学、STEM 以及程序语言。其中,没有限制学科的元分析最多,占总数的 57.66%,其次是语言学习和医学,各占总数的 10.81%,再次是读写类学科,占总数的 9.01%,数学类学科相关的元分析占总数的 7.21%,而科学类、STEM 类以及程序语言较少,缺少专门研究社会科学、艺术类课程的研究。本研究纳入的 111 项元分析所涉及的学科的分布如表 5-5 所示。

表 5-5 纳入元分析所涉及学科的频率分布

学科	频率	比例
不限	64	57.66%
语言学习	12	10.81%
医学	12	10.81%
读写	10	9.01%

续表

学科	频率	比例
数学/统计	8	7.21%
科学	2	1.80%
STEM	2	1.80%
程序语言	1	0.90%

5.2 纳入元分析的方法学质量

正如前面所言，元分析的方法学质量主要包含三个维度：概念的明晰性、过程和方法的全面性以及严谨性，每个维度分别包含 2 个项目、8 个项目和 7 个项目，共计 17 个项目。

5.2.1 纳入元分析的概念明晰性

对于概念的明晰性来说，本研究所纳入的 111 项元分析中，最大得分为 8，最小得分为 2，算术平均数为 4.93，中位数为 5，众数为 4，得分分布如表 5-6 所示。由此可以看出，所纳入元分析的概念明晰性评分结果中等偏上。

表 5-6 纳入元分析所涉及学科的频率分布

明晰性得分	频率	比例
2	9	8.11%
3	3	2.70%
4	33	29.73%
5	26	23.42%
6	29	26.13%
7	4	3.60%
8	7	6.31%

5.2.2 纳入元分析研究过程和方法的全面性

对于过程和方法的全面性来说，本研究所纳入的 111 项元分析中，最大得分为 22，最小得分为 10，算术平均数为 15.73，中位数为 16，众数为 16，得分分布如表 5-7 所示。由此可以看出，所纳入元分析研究过程和方法的全面性评分结果中等偏上。

表 5-7 过程和方法的全面性频率分布

全面性得分	频率	比例
10	2	1.80%
11	4	3.60%
12	2	1.80%
13	17	15.32%
14	14	12.61%
15	13	11.71%
16	21	18.92%
17	10	9.01%
18	10	9.01%
19	8	7.21%
20	5	4.50%
21	2	1.80%
22	3	2.70%

5.2.3 纳入元分析的严谨性

对于严谨性来说，本研究纳入的 111 项元分析中，最大得分为 22，最小得分为 6，算术平均数为 13.63，中位数为 14，众数为 13，得分分布如表 5-8 所示。由此可以看出，所纳入元分析较为严谨。

表 5-8 过程和方法的严谨性频率分布

严谨性得分	频率	比例
6	4	3.60%
7	3	2.70%
8	5	4.50%
9	6	5.41%
10	5	4.50%

续表

严谨性得分	频率	比例
11	7	6.31%
12	8	7.21%
13	17	15.32%
14	16	14.41%
15	6	5.41%
16	5	4.50%
17	12	10.81%
18	5	4.50%
19	3	2.70%
20	5	4.50%
21	3	2.70%
22	1	0.90%

总体而言，本研究所纳入的元分析报告中所呈现的研究过程和方法均比较严谨，但需要加强对概念明晰性、研究过程和方法的全面性的报告。推测可能产生这些结果的原因有：(1) 研究者对所研究概念的界定不清，缺少操作性定义或工作性定义；(2) 篇幅限制，对概念界定和过程与方法的描述不够全面细致。

5.2.4 纳入元分析的研究质量与效应量之间的关系

将元分析研究质量进行单样本 t 检验（均值检验）发现，效应量与均值(0.34)之间无显著性差异，$t=0.032$，$df=110$，$p=0.975$。也就是说，本研究所纳入元分析的研究质量无明显差异，比较集中。通过相关分析本研究纳入元分析的研究质量与效应量之间不存在显著相关(Pearson's $r=-0.129$，$p=0.188>0.05$)。这说明在纳入的研究中，效应量的大小与元分析研究的质量不存在显著相关关系，这与 Tamim 等(2011)的研究结果并不一致。这也许是因为所纳入的研究为 SSCI 期刊论文有关，相比较来说，研究质量都比较高；也有可能是研究质量不会对效应量的大小产生影响。这需要在未来的研究中继续进行探讨。

5.3　元分析的研究特征与效应量的关系

5.3.1　发表年份与效应量的关系

本研究中效应量与研究发表年份之间的关系呈显著性相关(Pearson's $r=0.231$, $p=0.000$)，效应量与发表年份之间的气泡图如图 5-1 所示，这与 Hattie(2009)的研究结果并不一致，也就是说，教育技术应用效果是随着技术的成熟而增长的。但是不能就此进行推断技术会对教学和学习产生革命性的影响(Hattie，2009)。本研究认为，随着技术的发展，技术促进学习的可能性会不断增加，但是拥有技术、使用技术与学业成就之间没有必然的联系。

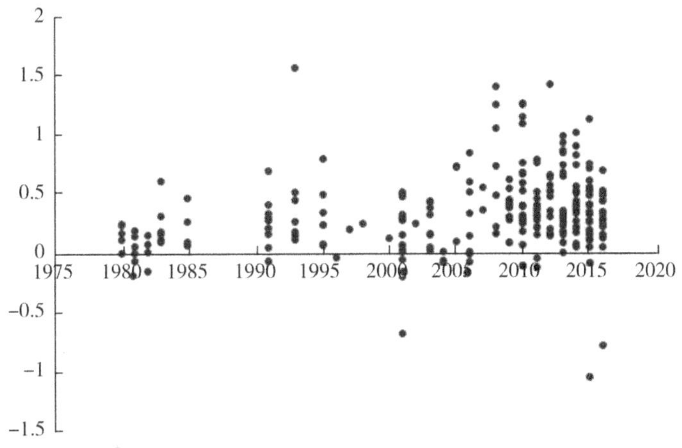

图 5-1　研究发表年份与效应量之间的关系

从当前的状况来说，技术仅仅是有潜力变革教育，但是还没有变革教育，当下技术只是作为一种"替代策略"应用到教学中去。从对不断发展中的教育技术形态分析也可以看出，所谓的"变革"仅仅是"一种新技术替代先前的技术而已"，并没有改变教学的组织方式和学习活动的实施方式。

5.3.2　原始研究数量与效应量的关系

参考 Hattie(2009)的方法，原始研究数量与效应量的关系可以使用散点图进行表示，原始研究数量越大，效应量越集中。如果效应量的分布是对称的，那么说明没有发表偏倚。本研究的散点图如图 5-2 所示，原始研究数量越大，效应量也呈现集中趋势，而且以平均值为中线，两边的效应量个数呈现对称分布。这说明本研究纳入的元分析研究没有发表偏倚。

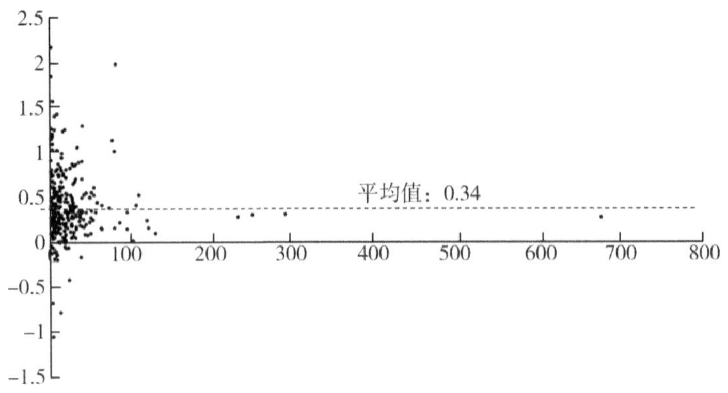

图 5-2 原始研究数量与总效应量的散点图

5.3.3 原始研究的重叠问题

使用 BICMB2.0 提取和导出“引文”的词篇矩阵 TXT 文档，紧接着，使用 Excel 2016 导入词篇矩阵文档，计算出每一项元分析所引用文献中被重复引用的数量以及引用文献数量。结果发现，除了 Azevedo(1995)与 Azevedo 和 Bernard(1995)以及 Lin(2014)与 Lin(2015a)这两对研究引文重复之外，Hatala 等(2014)引用的所有文献被 Cook 等(2013)和 Brydges 等(2015)引用；Borokhovski 等(2016)引用的文献中的 96%被 Vanlehn(2011)引用；Kulik 和 Fletcher (2016)引用的所有文献被 Vanlehn(2011)引用；Lin(2015b)，Lin、Huang 和 Liou(2013)引用的文献超 80%被 Lin(2014)引用；Borokhovski 等(2012)，Lou、Bernard 和 Abrami(2006)，Sung、Chang 和 Yang(2015)，Cook、Levinson 和 Garside(2010)与 Hoffler 和 Leutner(2007)均超过 75%以上的引用文献被其他文献引用。删除这些元分析，剩余 89 项元分析，原始研究为 3 987 个。由此可以看出，删除 11 个元分析之后，原始研究仅减少了 25 个。

5.4 纳入元分析总效应量的基本信息

在纳入的 111 项元分析中，涉及原始研究近 5 500 个，原始效应量约一万个左右，涉及师生数量达到 60 余万。虽然这些数据包含重复计算的原始研究、效应量和样本数量，但是根据 Tamim 等(2011)的推算，有理由相信在这 111 篇元分析中涉及上千个原始研究，近万个效应量，涉及教师和学生数量达到数十万位。

本研究中所纳入111项元分析所有总效应量的算术平均值为0.34，标准差为0.326，标准误为0.02，中值为0.315。根据Hattie(2009)对于效应量标准的划分，本研究认为平均效应量0.34可以概括教育技术对学习所产生的一般结果，可以作为本研究判断教育技术应用效果的基准点。在所有的总效应量中91.73%的效应量都是正向的，8.27%的效应量是负向的。本研究中总效应量分布如图5-3所示，其中横轴表示效应量的分布区间，纵轴表示每一区间效应量的数量。

5.4.1 效应量遵循正态分布

将总效应量进行单样本 T 检验(均值检验)发现，效应量与均值(0.34)之间无显著性差异，$t=-0.002$，$df=253$，$p=0.999$，且总的效应量分布如图5-3所示。说明数据集中趋势较好，总效应量呈正态分布。对于一项涉及成百上千原始研究、数十万师生的大规模统计来说，这是意料之中的：当样本量足够大的时候，通常会呈现正态分布的特征。

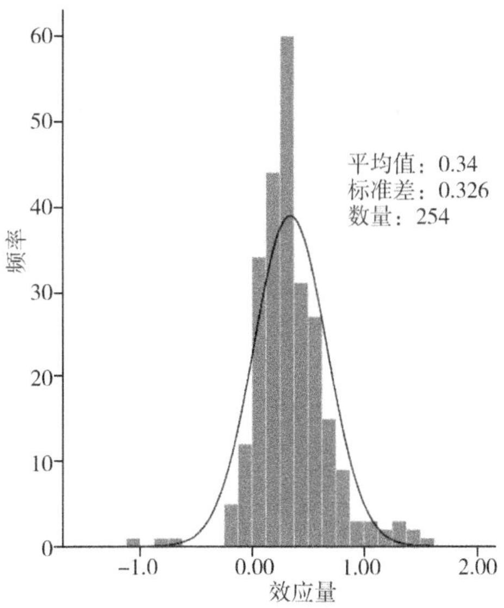

图5-3 总效应量的频率分布图

5.4.2 几乎所有的技术都在起作用

在254个总效应量中233个(91.73%)的效应量都是正向的,这就是所谓的"一切都似乎有效"。因此,当某些教育科技产品的设计者或开发者声称自己的产品会提高学生学业成就时,没有必要"蜂拥而至",因为几乎所有的教育技术产品都在起作用。而对于20个(8.27%)的负效应量(如表5-9所示)来说,主要集中在对学习态度等学习结果的效应,体现在:视听教学、程序教学、WBI、远程教育等对学习态度的影响为负效应,可见早期的教育技术形态和远程教育从某种程度上对学习态度是不利的。同时,也发现,人工辅导的方式比ITS的效果好。在使用技术进行小组学习时,由于小组成员之间的互动与交流,导致任务完成数量、与计算机的互动、寻求教师帮助的次数和任务完成时间受到了影响。

表5-9 非正的总效应量的基本信息

标识项	研究主题		*ES*
	教育技术	学习结果	
Cohen, Ebeling, and Kulik(1981)	视听教学	对教学的态度	−0.06
		对课程的态度	−0.18
Kulik, Schwalb, and Kulik(1982)	程序教学	对课程的态度	−0.14
Kulik and Kulik(1991)	CBI	课程完成情况	−0.06
Niemiec, Sikorski, and Walberg(1996)	CAI,学习者控制	学业成就	−0.03
VanLehn(2011)	人工辅导与基于答案的ITS	学业成就	−0.04
	人工辅导与基于分步的ITS	学业成就	−0.12
Takacs, Swart and Bus(2015)	数字故事书	接受性词汇	−0.08
Cook, Levinson, and Garside(2010)	IBL	学习时间	−0.1
		知识习得	−0.11
Sitzmann等(2006)	WBI	程序性知识	−0.07
	WBI	反应	0
	WBI-S	反应	−0.15
Bernard等(2004)	远程教育	态度	−0.0812
	远程教育	在学率	−0.0573
Spanjers等(2015)	混合学习	投入度评估	−1.04
Neguț, Matu, Sava, and David(2016)	虚拟现实评价工具	认知表现	−0.777

续表

标识项	研究主题		ES
	教育技术	学习结果	
Lou, Abrami, and d'Apollonia(2001)	教育技术,小组学习	任务完成数量	−0.05
		与计算机的互动	−0.19
		寻求教师帮助	−0.67
		任务完成时间	−0.16

5.4.3 在效应量为 0.34 处设置标准

本研究所纳入的 111 篇教育技术元分析平均效应量为 0.34。这一平均值可以概括不同教育技术形态对学习所产生的一般结果,可以作为判断教育技术应用效果的基准点。需要注意的是,低于 0.34 的效应量并不代表没有价值,这需要取决于这一形态所涉及的对象和实施成本等。

5.4.4 效应量之间的差异是显著的

按照 Cohen(1988)对效应量大小的判断标准,将效应量编码为"较小(0.2 以下)""小(0.2～0.5)""中等(0.5～0.8)""大(0.8 以上)"四个水平,使用单因素方差分析(ANOVA),结果显示四个水平之间差异显著,$F(3, 250)=348.1$,$p=0.000$。这一结果说明,不同水平效应量之间的差异是显著的,可能的原因有:(1) 元分析的质量参差不齐;(2) 调节变量造成的影响;(3) 不同形态教育技术之间产生的影响是有差异的。因此,本研究将结合上述三种原因对教育技术的元分析进行分析,探究其研究质量的差异、不同调节变量之间的差异和总效应量之间的差异。

5.5 不同阶段技术对学习影响的大小

依据原始研究的目的和元分析研究问题以及 Mayer(2011)有关教育游戏研究取向的划分,将纳入的 111 项研究归为三类:第一类是媒体比较(Media Comparison)研究取向,这一类型旨在对比某种形态的教育技术与传统媒体教学方式对学习的影响;第二类是"增值"研究(Value Added)取向,这一类型旨在研究某种形态的教育技术中的哪些特征会促进学习;第三类是"认知结果影响"研究(Cognitive Consequences)取向,这一类型旨在研究人们通过使用某一形态教育技术与不使用会对认知结果有何提升。鉴于此,本研究在接下来的论述中将分别对不同教育技术形态的元分析研究按照媒体比较研究取向、"增值"研究取向和"认知结果影响"研究取向三类研究取向进行分析、讨论和解释。

5.5.1 早期视听教学和程序教学对学习的影响

1. 视听教学

关于视听教学的两项元分析(P. A. Cohen, Ebeling, and Kulik, 1981; Fukkink, Trienekens, and Kramer, 2011)。P. A. Cohen,Ebeling 和 Kulik(1981)整合 74 项比较视听教学与传统教学对大学教学效果影响,发现:与传统教学相比,视听教学对大学生学业成就会产生微小效应($d=0.15$);对后续测验成绩产生类似的效应($d=0.2$);视觉教学并没有改善学生对教学的态度($d=-0.06$)和对课程的态度($d=-0.18$)。该研究还发现,不同类型的视听教学技术对学业成就的影响很小。而 Willett, Yamashita 和 Anderson(1983)的研究结果发现,电视、电影、幻灯片和磁带等教学媒体对学习基本没有影响或产生负面的影响(效应量依次为:$d=0.06$,$d=-0.07$,$d=-0.47$,$d=-0.27$)。

然而,虽然教育电视、教育电影、幻灯片和磁带等视听教学技术的使用对学业成就仅产生很小的效应,但是,P. A. Cohen 等(1981)和 Fukkink 等(2011)的研究结果发现,当视频以反馈的形式(Video Feedback)用于教师培训或技能提升时会产生中等且显著的效应。由此可以看出,影片反馈的方式可以作为师范生培养、师资培训等教师专业发展的有效策略。

总而言之,对于学业成就而言,视听教学的效应量为 0.275;但对于学习态度而言,视听教学的效应量为−0.12,如表 5-10 所示。由此可以看出,使用视听教学可以小幅度地提高学习者学业成绩,但是学生的学习态度受到了负面的影响。同时,影片反馈作为一种视听教学的典型形态比其他类型的视听教学形式的效果要好,其效应量为 0.4,如表 5-10 所示。所以,微格教室对教师专业发展的作用不容忽视。在教育信息化发展关键时期,如何更好地发挥微格教室在教师教育与培训中的作用是教育技术研究者需要关注的问题。

表 5-10 视听教学的效应量

研究主题		N	n	k	ES	U_3	PG
教学技术	学习结果						
视听教学	学业成就	2	98	288	0.275	60.83%	10.83%
视听教学	态度	1	22	22	−0.12	45.2%	−4.80%
影片反馈	学业成就	2	38	217	0.4	65.5%	15.50%

注:N 代表元分析的数量,n 代表原始研究数量之和,k 代表原始效应量的数量之和,ES 为平均效应量,U_3 代表使用技术组学生得分高于未使用技术组学生得分中位数的百分比 PG 为百分等级增量。下同。

2. 程序教学与个别化教学系统

在纳入的111项研究中，关于程序教学以及个别化教学系统的元分析各一项(C.-L. C. Kulik等，1982；Willett等，1983)。

Kulik，Schwalb和Kulik(1982)整合了47项对比程序教学与传统教学对中学生学习效果的研究发现：与传统教学相比，程序教学对中学生学业成就会产生微乎其微的效应(*ES*=0.08)；对后续测验成绩产生较小的效应(*ES*=0.16)；程序教学并没有改善学生对待课程的态度(*ES*=−0.14)。由此可以初步判断，程序教学并未达到其预期的效果，而且对学习者课程学习的态度起到了反作用。

程序教学运动开始之后，个别化教学系统逐渐被开发并应用到教学实践中去，而且，随着计算机技术的发展，以计算机为"载体"的教学实践开始萌芽。Willett，Yamashita和Anderson(1983)整合了130项比较多种教学系统和传统教学对科学类课程学习成就影响的研究发现：从整体上来说，与传统教学相比，各类教学系统对中学生学业成就会产生微小的效应(*ES*=0.1)；其中，计算机模拟实验效果最明显(*ES*=1.45)，其次是掌握学习系统(*ES*=0.64)，再次是个性化教学系统(*ES*=0.6)，而程序教学的效果被排在最差之列(*ES*=0.17)。

总而言之，程序教学对学业成就的效应量为0.09，对学习态度的效应量为−0.14，如表5-11所示。由此可以看出，程序教学系统虽然从某种程序上有助于提高学习者的学业成就，但是由于其呆板、缺乏灵活性等特征容易对学生的学习态度造成消极的影响，以至于程序教学系统走向衰落(Saettler，1990)。

表5-11　程序教学的效应量

研究主题		*N*	*n*	*k*	*ES*	U_3	*PG*
教学技术	学习结果						
程序教学	学业成就	2	99	—	0.09	53.59%	3.59%
程序教学	态度	1	9	—	−0.14	44.4%	−5.6%

5.5.2　微型计算机时代技术对学习的影响

33项研究主要分成两类：一类是与传统教学进行对比的研究；另一类是在某一种教学环境下，教学策略或教学方式等的对比研究。前者共计74个效应量，平均效应量为0.41。在Hattie(2009)研究结果中平均效应量为0.37，Tamim等(2011)的研究结果中平均效应量为0.35。基于计算机的教学平均效应量有小幅度上升的趋势，这可能与计算机技术的成熟有关，其对教学的支持越来越好。总的来说，与传统教学相比，CBI对学业表现会产生小到中等的效应强度，使用CBI对学业成就会提升15.9个百分比。

1. 基于计算机的教学(CBI)

在纳入的十项关注基于计算机的教学(CBI)效应的元分析研究中：有五项关注“媒体比较”，即对比CBI和传统教学的效应；有五项关注“增值”研究，即在CBI的环境下，不同教学策略（如反馈、脚手架等）或教学方式（如协作学习等）等对学习的影响。对“媒体比较”进行研究的分别是Kulik等人(1983，1985，1991)，Liao和Bright(1991)以及Batdi(2015)的研究。对“增值”进行研究的有Azevedo和Bernard(1995)，Belland、Walker、Olsen和Leary(2015)，Kleij、Feskerns和Eggen(2015)，Lou、Abrami和d' Apollonia(2001)，Susman(1988)以及Zheng(2016)，共六项研究。

J. A. Kulik，Bangert和Williams(1983)综合了48项比较CBI与传统教学对中学生学业成就影响的研究，发现：(1) CBI对中学生学业成就会产生中等且显著的效应(*ES*＝0.32)；(2) CBI对后续测验成绩会产生较小的效应(*ES*＝0.17)。C.-L. C. Kulik和Kulik(1991)综合了254项比较CBI与传统教学对学业成就影响的研究，发现：(1) CBI对学业成就会产生小但显著的效应(*ES*＝0.3)；(2) CBI对后续测验成绩会产生小的效应(*ES*＝0.21)。Liao和Bright(1991)综合了65项关于程序语言对认知影响的研究发现，程序语言对学生的认知能力会产生小到中等的效应(*ES*＝0.41)。这对当下使用App Inventor和Scratch等提升学生认知能力是一个有效的证据。

总而言之，CBI对学业成就的平均效应量为0.45，如表5-12所示。

2. 计算机辅助教学(CAI)

一般认为，计算机辅助教学可以为学习者提供额外的练习，能够加强对学习材料的理解；也可以为学习者提供有效的反馈，帮助学习者解决迷思概念，促进对信息的有意义加工等(Sosa，Berger，Saw，and Mary，2011)。在纳入的12项关于CAI效应强度的元分析中，有九项是“媒体比较”研究，即对比CAI和传统教学对学业成就的影响；有三项是“增值”研究，第一项是研究CAI中学习者控制对学业成就的影响(Niemiec，Sikorski，and Walberg，1996)，第二项是利用计算机技术进行学习时协作学习与个人学习的差异(Lou，Abrami，and d'Apollonia，2001)，第三项是研究不同类型CAI对学业成就的影响(Thomas，Alexander，Jackson，and Abrami，2013)。

“媒体比较”的研究分别是J. A. Kulik、Kulik和Cohen(1980)，Fletcher-Flinn和Gravatt(1995)，Christmann、Badgett和Lucking(1997)，Christmannh和Badgett(2000)，Blok、Oostdam、Otter和Overmaat(2002)，Liao(2007)，

Camnalbur 和 Erdogan(2008), Sosa、Berger、Saw 和 Mary(2011)以及 Demir 和 Basol(2014)的研究。J. A. Kulik 等(1980)综合 54 项对比 CAI 和传统教学对大学生学习影响的研究发现,CAI 对大学生学业成就会产生小但显著的效应($d=0.25$),对教学和课程的态度都会产生小的效应($d=0.24$;$d=0.18$)。J. A. Kulik 等(1980)发现,CAI 对天赋和大学生学业成就之间的关系会产生小的效应。Fletcher-Flinn 和 Gravatt(1995)综合 120 项研究发现,CAI 对学业成就会产生小到中等的效应($ES=0.24$),对后续测验成就会产生微乎其微的效应($ES=0.08$),对教学和课程的态度的效应量分别为 0.5 和 0.24,但是并没有改善对计算机的态度。Christmann 等(1997)综合 27 项关于 CAI 对中学生学业成就影响的研究发现,CAI 对中学生学业成就会产生小的效应($ES=0.209$),而且对科学课程的影响最大($ES=0.639$),对阅读、音乐、社会科学和特殊教育产生小的效应量,对数学产生微乎其微的效应量,而对英语和职业类教育的成绩产生了负效应。而 Christmann 和 Badgett(2000)的研究是针对大学生的,其研究发现,CAI 对大学生学业成就产生较小的效应($ES=0.127$),但是与对中学生学业成绩影响不一样的是,CAI 对大学生航空技术类课程的影响效果最大($ES=0.778$),其次是英语课程($ES=0.612$),对运动员训练、教育、商业会产生小的效应,对科学会产生较小的效应,而对阅读和英语会产生负效应。Blok 等(2002)发现,CAI 对早期阅读成绩会产生小却显著的效应($ES=0.254$)。Sosa 等(2011)综合 45 项关于对比 CAI 和传统教学对高中生和大学生统计课程学习的影响研究发现,CAI 对高中生和大学生统计课程的学习会产生小的效应($d=0.33$)。

许多研究者分析了 CAI 对不同年级或年龄段学习者学业成就的影响。Fletcher-Flinn 和 Gravatt(1995)发现,学前儿童受影响最大($ES=0.55$),依次是小学生($ES=0.46$),高中生($ES=0.32$),大学生($ES=0.26$),影响最小的为成年人($ES=0.22$)。Liao(2007)在研究学习者使用程序语言对学业成就的影响时发现,程序语言对初中生影响最大($ES=0.847$),大学生次之($ES=0.823$),再就是小学生($ES=0.414$),影响最小的是高中生($ES=0.231$)。Sosa 等(2011)在对比 CAI 和传统教学对统计课程学习的影响时发现,CAI 对研究生学习成就的影响($d=0.68$)比对本科生的($d=0.25$)显著大 Thomas、Alexander、Jackson 和 Abrami(2013)在对比交互式 CAI 与说教式 CAI 对学业成就影响的研究发现,交互式 CAI 对大学生影响最大($ES=0.297$),小学生次之($ES=0.186$),对中学生影响最小($ES=0.038$)。由此可以看出,CAI 对小学生、中学生和大学生(包含成年人)学业成就的平均效应量相差不大(0.31,0.29 和

0.32)，也就是说在使用CAI学习时，不同年级之间的学业成就基本没有差异。

Fletcher-Flinn和Gravatt(1995)，Liao(2007)，Thomas等(2013)都研究了在CAI教学中相同教师和不同教师对学业成就影响的效应量，结果发现，两者并没有什么显著不同，但是不同教师的效应量比相同教师的效应量要大。

在这九项研究中，有三项研究(Liao，2007；Cammnalbur，and Erdogan，2008；Dermir and Basol，2014)是专门针对CAI对某一地区学生学业成就的影响。Liao(2007)综合52项关于CAI对中国台湾学生学业成就影响的研究发现，CAI对中国台湾学生的学业成就会产生中等的效应。Cammnalbur和Erdogan(2008)综合34项关于CAI对土耳其学生学业成就影响的研究发现，CAI对土耳其学生学业成就会产生大的效应。Demir和Basol(2014)综合40项关于CAI对土耳其学生数学成绩影响的研究发现，CAI对土耳其学生数学成绩也会产生大的效应($d=0.899\,9$)。

“增值”研究分别是Niemiec、Sikorski和Walberg(1996)，Thomas、Alexander、Jackson和Abrami(2013)和Lou、Abrami和d' Apollonia(2001)。Niemiec等(1996)整合24项在CAI中学习者控制效应的研究发现，相对于程序控制来说，学习者自己控制对学业成就会产生微小的负效应($ES=-0.03$)。从学习者控制的方式对学习影响的分析中发现，学习者控制中的复习($ES=0.64$)和额外的指导对学业成就的效应最高($ES=0.48$)，其他类型的学习者控制则只会对学业成就产生负效应。Niemiec等(1996)在研究学习者控制对学习影响时发现，高中的效应量最高($ES=0.28$)，小学次之($ES=0.07$)，大学生呈负效应($ES=-0.23$)。由此可得知，学生控制的方式对高中生学业成绩的效应量最大，对小学生的影响微乎其微，但是对大学生的学业成绩呈负影响。Thomas、Alexander、Jackson和Abrami(2013)整合了40项对比交互式CAI与说教式CAI对学业成就影响的研究发现：相比说教式CAI，交互式CAI对学生学业成就会产生小却显著的效应($ES=0.175$)。

就学业成就而言，CAI的平均效应量为0.44，也就是说，67%使用CAI进行学习的学生，其学业成就比50%使用传统教学学习的学生成就要好。CAI对后续测验成绩的平均效应量为0.18，对态度的平均效应量为0.22。使用CAI进行学习时，尽管平均效应量在年级上没有差异，但是年级和学习内容之间可能存在着交互影响：(1) CAI对大学生的学业成绩均产生显著的效应，而对小学生的学业成绩影响并不显著。Kulik，Kulik和Bangert-Drowns等(1985)的研究发现CAI对小学生的学业成就和后续测验成绩均产生小但不显著的效应；Kulik，Kulik和Cohen等(1980)以及Christmann和Badgett等(2000)发现CAI对大学生的学业成就均产生显著的效应。(2) CAI 对学前和小学低年级的阅读成绩产生小而显著的效应(Blok, Oostdam, Otter, and Overmaat, 2002);对大学生的数学成绩(统计课程)产生显著的效应(Sosa, Berger, Saw, and Mary, 2011)。(3) CAI 对大学生的学习态度(对教学的态度、对课程的态度等)产生显著的效应(Kulik, Kulik, and Cohen, 1980)。

计算机辅助语言学习(CALL)即使用超媒体或超文本、动画等形式学习第二语言,计算机更多的是提供各种各样的学习资源,不同于 CMC 的通过文本或音频的方式进行学习。本研究中所纳入的六项 CALL 的研究中有五项是"媒体比较"的研究(Chang and Lin, 2013; Chiu, 2013; Grgurović, Chapelle, and Shelley, 2013; Yun, 2011),仅有一项是"增值"研究(Montero Perez, Van Den Noortgate, and Desmet, 2013)。

Grgurović 等(2013)综合 85 项对比 CALL 和非 CALL 的方式对第二语言学习影响的研究发现,不论是采用标准化均值差的方式还是使用标准化均值增益的方式,CALL 对第二语言词汇习得都会产生小但显著的效应(g=0.235; g=0.352)。Grgurović 等(2013)通过调节变量分析发现,对于采用标准化均值差的研究来说,不同类型的技术、整合的程度、干预时长、学习者水平、母语类型、研究情境、所学习的语言、被试数量以及研究分组方式都会对第二语言词汇习得的效应产生显著性差异。对于采用标准化均值增益的研究来说,学习者水平、母语类型、研究情境、所学习的语言、被试数量和研究分组方式都会对第二语言词汇习得的效应产生显著性差异。Montero Perez 等(2013)综合 18 项关于是否有字幕对第二语言听力理解和词汇习得影响的研究发现,相比使用未带字幕视频学习的方式来说,使用带有字幕的视频学习对第二语言听力理解(g=0.988)和词汇习得都会产生大且显著的效应(g=0.866)。总的来说,计算机支持的第二语言学习的效应量为 0.73,计算机支持的词汇学习效应量为 0.87,如表 5-12 所示。

表 5-12 CBI、CAI 和 CALL 的效应量

研究主题		N	n	k	ES	U_3	PG
教育技术	学习结果						
CBI	学业成就	25	—	—	0.45	67.36%	17.36%
CAI	学业成就	11	412	—	0.44	67%	17%
CALL	第二语言	5	122	—	0.73	76.7%	16.7%
CALL	词汇学习	3	32	—	0.87	80.8%	30.8%

3. 认知工具

认知工具主要是指利用常用的通用软件(例如,文字处理器、电子表格、数据统计软件、图形计算器等)支持教与学。

1) 文字处理器

本研究中所纳入的两项有关文字处理器的研究都属于"媒体比较"研究取向,且都是关于对写作的影响,一项是研究文字处理器对写作能力差的中小学生写作产生的效应(Morphy and Graham, 2012),另一项则是研究文字处理器对大学生写作产生的效应(Bangert-Drowns, 1993)。

Bangert-Drowns(1993)综合 32 项关于文字处理器对大学生写作影响的研究发现,文字处理器会对大学生的写作质量产生小的效应($d=0.27$),对大学生的写作长度会产生中等的效应($d=0.52$),对态度($d=0.12$)、写作规范($d=0.16$)和修改频次($d=0.185$)会产生较小的效应强度。而 Morphy 等(2012)综合 27 项关于文字处理器对写作能力差的中小学生写作影响的研究发现,文字处理器对写作能力差的中小学生的写作质量($d=0.52$)、行文($d=0.66$)、结构规范($d=0.57$)以及偏好($d=0.64$)会产生中等的效应,对写作动机($d=1.42$)会产生大的效应,对语法规范($d=0.36$)会产生小的效应,对词汇量($d=0.17$)产生极小的效应。

总而言之,文字处理器会对学习者的写作质量和能力产生小到中等的效应($ES=0.39$),对态度会产生中等到大的效应($ES=0.73$),如表 5-13 所示。

2) 概念图

通常来说,概念图最早是由美国康奈尔大学的 Novak 提出并建构的(Horton 等, 1993)。其理论基础是奥苏贝尔的认知同化学习理论(Assimilation Theory of Cognitive Learning)。奥苏贝尔认为,"影响学习者学习最重要的因素是学习者的已有知识";"学习者在学习新的知识时,总是要与已有的知识建立一种联系";"当学习者把所学新知识与已有知识建立联系时,有意义的学习就发生了"。把新知识与已有知识联系在一起就是同化,已有知识之间建立一种联系就是认知结构的建立与完善。认知结构就是"学习者已有知识的数量、清晰度和组织方式,它是由学习者能够回忆出的事实、概念、原理和规则等组成的"(施良方, 2001)。奥苏贝尔认为,认知结构是以层级的形式组织概念、原理和命题之间的关系。概念图作为"用于组织和表征知识的认知工具"(赵国庆和陆志坚, 2004),它可以描述概念之间的层级关系,一般来说,既可以作为教师教学工具,也可以用于学生有意义学习的工具(Horton 等, 1993)。

本研究中所纳入的两项关于概念图的研究都属于"媒体比较"研究取向

(Horton 等，1993；Nesbit and Adesope，2006)。Horton 等(1993)综合 18 项关于概念图对学习和态度影响的研究发现，概念图对学习者的学业成就会产生小到中等的效应($ES=0.451$)，对态度会产生大的效应($ES=1.565$)。而 Nesbit 等(2006)综合 55 项关于概念图对学习影响的研究发现，概念图对学习者的学业成就会产生中等到大的效应($g=0.604$)。

总而言之，概念图对学业成就会产生中等的效应($ES=0.53$)，对学习态度和动机会产生大的效应($ES=0.77$)，如表 5-13 所示。

3) 图形计算器

20 世纪 80 年代，图形计算器被引入到数学教学中，成为师生探究数学概念和解决数学问题的"天然伙伴"(Ellington，2003)。当时的图形计算器是一种类似普通科学计算器的手持设备。20 世纪 90 年代后，随着计算机在教学中的普及，动态几何画板基本上取代了图形计算器在数学教学中的地位。动态几何画板是一种能够用于轻松构建、操作、测量和测试各种几何图形的计算机教学软件，既可以应用于教学演示，又可以应用于个体或小组探究和发现数学概念的学习活动中。本研究纳入了两项关于图形计算器对数学学习影响的研究，较早的一项研究(Ellington，2003)关注图形计算器对不同类型的数学能力产生的效应强度，而最新的一项研究(Chan and Leung，2014)关注动态几何画板对中小学生数学成绩产生的效应强度。

Ellington(2003)综合 54 项图形计算器对中小学生数学成绩和能力影响的研究发现，当测验过程中使用计算器时，图形计算器的使用会对中小学生的数学技能产生小的效应($ES=0.40$)；而当测验过程中不使用计算器时，图形计算器会对中小学生的数学技能产生很小的效应($ES=0.11$)。而 Chan 和 Leung(2014)综合 9 项关于动态几何软件对中小学数学学习影响的研究发现，动态几何画板的使用会对中小学生的数学学习成就产生大而且显著的效应($d=1.02$)。总而言之，图形计算器对数学学习会产生小到中等的效应($ES=0.33$)，如表 5-13 所示。

表 5-13　通用教学软件的效应量

研究主题		N	n	k	ES	U_3	PG
教育技术	学习结果						
文字处理器	学业成就	2	102	112	0.39	65.2%	15.2%
文字处理器	态度	2	16	18	0.73	76.7%	26.7%
概念图	学业成就	2	72	85	0.53	70.2%	20.2%

续表

研究主题		N	n	k	ES	U_3	PG
教育技术	学习结果						
概念图	态度	1	4	4	1.565	94.1%	44.1%
图形计算器	学业成就	2	63	117	0.33	62.9%	12.9%

4. 多媒体学习

对于多媒体学习资源来说，屏幕所能呈现的文本和图像内容是有限的，因此，文本和图像呈现的空间位置和时间顺序成为多媒体学习资源设计和开发过程中需要关注的焦点之一。Ginns(2006)综合31项关于多媒体学习中文本和图像呈现方式的研究发现：相比较对应的文本和图像分开呈现的方式，对应文本和图像组合呈现的方式对学业表现会产生中等到大而且显著的效应($d=0.72$)；相比较对应的文本和图像异步呈现的方式，对应文本和图像同时呈现的方式对学业表现会产生中等到大而且显著的效应($d=0.78$)。前者被称为多媒体学习的空间临近原则，后者被称为多媒体学习的时间临近原则，本研究中将两者统称为多媒体学习的临近原则。该研究发现，临近原则的加权平均效应量为0.85。也就是说，当多媒体学习资源的文本和图像采用临近原则呈现时，学习者的学业成就会提高30.2%。

学习者利用多媒体资源进行学习时，文本、图像等信息由视觉通道进行加工，声音信息由听觉通道进行加工。当学习内容都以视觉形式呈现时，听觉通道闲置而视觉通道可能超载；当学习内容都以听觉形式呈现时，视觉通道闲置而听觉通道可能超载。Ginns(2005)综合22项关于对比文本和声音组合与文本和图像组合方式的研究发现，相比较使用文本和图像组合的方式，使用声音和文本组合的方式进行学习对学业表现会产生中等到大而且显著的效应(组间：$d=0.72$，组内：$d=0.73$)，也就是说在多媒体信息呈现中，使用能够激活多种加工通道的方式(例如文本和声音)比仅使用激活单一通道(文本和图像)的效果要显著。这被称为多媒体学习的多通道原则。多通道原则的效应量为0.725，也就是说，当多媒体学习资源按照多通道原则进行设计时，学习者的学业成就会提高26.6%。

Adesope和Nesbit(2012)综合33项关于对比多媒体学习中文字加解说和仅有解说或仅有文字的研究发现，使用文字加解说的组合形式比仅使用文字或仅使用解说的形式效果要好($g=0.15$)。Richter，Scheiter和Eitel(2016)综合27项关于多媒体教学中标记对学业影响的研究发现，在多媒体学习环境中，使用标记对知识的理解与迁移会产生小但却显著的效应($d=0.35$)。Montero

Perez 等(2013)综合 18 项关于是否有字幕对第二语言听力理解和词汇习得影响的研究发现,相比使用未带字幕视频学习的方式来说,使用带有字幕的视频学习对第二语言听力理解($g=0.988$)和词汇习得都会产生大且显著的效应($g=0.866$)。

总而言之,从纳入研究的研究结果来看,多媒体学习对学业成就的效应量为 0.665,如表 5-14 所示,即采用符合多媒体学习原则设计的学习资源,学习者学业成就会提升 24.7%。

表 5-14 多媒体学习的效应量

研究主题		N	n	k	ES	U_3	PG
教育技术	学习结果						
临近原则	学业成就	1	31	50	0.85	80.2%	30.2%
通道原则	学业成就	1	22	43	0.725	76.6%	26.6%
冗余原则	学业成就	1	33	57	0.15	56%	6%
标记原则	学业成就	1	27	45	0.35	63.7%	13.7%
字幕	学业成就	1	18	25	0.927	82.3%	32.3%
多媒体学习	学业成就	5	131	220	0.665	74.7%	24.7%

5.5.3 互联网时代技术对学习的影响

1. 计算机支持的协作学习

CSCL 是指使用计算机或互联网技术实现社会交互以支持和辅助学习(黄荣怀, 2003)。在纳入的两项计算机支持协作学习研究中,一项是"认知结果"研究,该研究旨在探究 CSCL 中学习迁移与自我效能感的关系(Gegenfurtner, Veermans, and Vauras, 2013),另一项是"增值"研究,该研究旨在探究 CSCL 中辩论对领域知识习得的影响(Wecker and Fischer, 2014)。

Gegenfurtner 等(2013)综合 29 项关于 CSCL 中自我效能感和学习迁移关系的研究发现,在 CSCL 中,迁移水平与干预前后的自我效能感呈现中等和大的关联强度,而且干预后迁移水平和自我效能感的关联强度要比干预前的强。Wecker 等(2014)综合 12 项关于 CSCL 中不同辩论测量方法对辩论效果的影响以及辩论对特定领域知识习得影响的研究发现,在 CSCL 中,不同辩论测量方法对辩论效果会产生小到中等且显著的效应($d=0.39$),辩论对特定领域知识的习得会产生中等且显著的效应($d=0.22$)。

2. 智能导学系统

智能导学系统(ITS)是一种用于为学习者提供即时、个性化教学或反馈的计算机辅助教学系统,通常来说,没有来自教师的干预,主要依靠学习者通过系统进行学习。在纳入的六项关于智能导学系统的研究中,一类是“媒体比较”取向的研究(J. A. Kulik and Fletcher, 2016; Ma, 2014; Steenbergen-Hu and Cooper, 2013, 2014; VanLehn, 2011),另一类是“增值”取向的研究(Gerard, Matuk, McElhaney, and Linn, 2015)。

VanLehn(2011)综合近百项关于对比人工辅导、计算机辅导以及没有辅导对学业成就影响的研究发现,使用智能导学系统的方式与人工辅导的方式产生类似的效应($d=0.76$;$d=0.79$)。Ma 等(2014)综合 107 项关于智能导学系统对学习影响的研究发现,智能导学系统对学习者学业成就会产生中等且显著的效应强度($g=0.41$)。Kulik 和 Fletcher(2016)综合 50 项关于智能导学系统对学业影响的研究发现,智能导学系统对学业成就会产生中等到大的效应强度($g=0.5$)。而 Steenbergen-Hu 和 Cooper(2013)综合 26 项关于智能导学系统对中小学生学习影响的研究发现,智能导学系统对中小学生数学成绩仅产生很小的效应强度($g=0.09$,$g=0.01$)。Steenbergen-Hu 和 Cooper(2014)综合 35 项智能导学系统对大学生学习影响的研究发现,智能导学系统对大学生学业成就会产生小而且显著的效应强度。

Gerard 等(2015)综合 41 项关于自适应指导系统中不同程度指导对学业成就影响的研究发现,相对传统教学来说,自适应指导系统会对中小学生学业成就产生小到中等的效应($g=0.34$);而相对简单类型的自动自适应指导系统来说,增强型自适应指导系统也会产生小到中等的效应($g=0.27$)。总而言之,智能导学系统对学业成就的效应量为 0.36,如表 5-15 所示。

表 5-15 智能导学系统的效应量

研究主题		N	n	k	ES	U_3	PG
教育技术	学习结果						
智能导学系统	学业成就	5	279	320	0.36	64.1%	14.1%

3. 基于网络的学习

在本研究纳入的 13 项在线学习研究中,Cook 等(2008)属于“媒体比较”研究,Cook, Levinson, and Garside(2010)都属于增值取向的研究,其中,Cook 等(2008)、Cook、Levinson 和 Garside(2010)两项研究关于卫生专业领域中在线学习的效应,Cook 等(2010)研究不同教学设计策略对卫生专业学生学习的效应,

Cook、Levinson 和 Garside(2010)研究基于互联网的学习对学习时间的效应。

Cook 等(2008)综合 201 项关于卫生专业学生在线学习的研究发现:相对于非在线学习,在线学习对学习者行为和病人疗效($g=0.51$)会产生中等但不显著的效应,对知识类学习结果($g=0.12$)、技能类学习结果($g=0.09$)和满意度($g=0.1$)的效应很小且不显著。

虚拟显微镜被应用于生物教学和医学教学领域。Wilson 等(2016)综合 12 项关于大学生使用虚拟显微镜对其学业成就影响的研究发现,使用虚拟显微镜会产生小但显著的效应($g=0.28$),而且对医学类专业学生和普通大学生学业成就的影响基本一致。

基于网络的学习(Internet-based Learning,简称 IBL)是借助多媒体或超媒体的教学程序,一般来说,主要是利用计算机网络创建学习环境,并利用计算机网络实时更新、传播和共享信息(Sitzmann, Kraiger, Stewart, and Wisher, 2006)。Sitzmann 等(2006)综合 96 项关于基于网络的学习对大学生学习影响的研究发现,基于网络的学习对大学生陈述性知识的习得会产生较小但显著的效应($d=0.15$),对程序性知识的习得会产生负效应,对学习满意度基本没有影响;然而当基于网络的学习作为补充时,对大学生陈述性知识的习得会产生小但显著的效应($d=0.34$),对程序性知识的习得会产生中等且显著的效应($d=0.52$),对学习满意度会产生负效应($d=-0.15$)。

总的来说,基于网络的学习对知识习得的平均效应量为 0.235,对学习满意度的平均效应量为 −0.075,如表 5-16 所示。

表 5-16 IBL 的效应量

研究主题		N	n	k	ES	U_3	PG
教育技术	学习结果						
IBL	知识习得	1	71	122	0.235	59.3%	9.3%
IBL	学习满意度	1	33	33	−0.075	47%	−3%

4. 基于模拟的学习

本研究将虚拟病人、增强现实技术和虚拟现实技术等相关的研究都归入基于模拟的学习,共纳入 12 项。其中有七项属于"媒体比较"研究取向,四项属于"增值"研究取向,两项是"认知结果"研究取向。"媒体比较"研究取向的七项研究主要是研究虚拟病人、增强现实技术等基于模拟的学习方式对学业表现,特别是医学类专业学习表现的影响。

"媒体比较"的研究主要有四项。Cook 等(2013)综合 82 项关于使用基于模拟的学习对卫生专业学习者的学业表现会产生大的效应($g=0.93$)。Merchant等(2014)综合 67 项关于使用模拟和虚拟世界对学习者学业成就影响的研究发现,使用模拟学习对学业成就会产生小的效应($g=0.41$),在虚拟世界中学习对学业成就会产生小的效应($g=0.41$)。

“增值”研究取向共四项,分别研究了基于模拟的学习中不同类型的教学设计策略、解说、反馈和自我调节对学业成就的影响。Cook 等(2013)综合 289 项关于使用基于模拟的学习研究不同教学设计特征对学业成就、满意度、过程性结果和患者疗效等学习结果的影响($g=0.31$)。Cheng 等(2014)综合 117 项关于基于模拟的学习中解说对学业成就影响的研究发现,基于模拟的学习中,使用解说对学习者的学业表现会产生中等的效应($g=0.53$)。Hatala 等(2014)综合 31 项关于基于模拟的学习中反馈对程序性技能习得影响的研究发现,基于模拟的学习中,使用反馈对学习者程序性技能的习得会产生中等到大且显著的效应($g=0.74$),而且,即时反馈对程序性技能的习得比终点反馈的效果好($g=0.36$)。Brydeges 等(2015)综合 32 项自我调节在基于模拟的学习中对学业表现影响的研究发现,相比较教师指导的干预,缺乏指导的干预与学业成就成负的关联($d=-0.34$),与记忆力的保持呈微乎其微的关联,而自我调节的干预与学业成就呈小的关联($d=0.23$),随着时间推移,与学业成就会呈更强的关联($d=0.44$)。

“认知结果”研究取向共两项,分别研究基于模拟的学习中自我效能感和学业迁移水平的关系以及虚拟现实技术对学业成就评估的影响。Gegenfurtner, Quesada-Pallarès 和 Knogler(2014)整合 13 项关于使用基于模拟的学习时学习者自我效能感和学业迁移水平之间关系的研究发现,在基于模拟的学习环境中,学习者的自我效能感与学习迁移水平之间呈大的关联($r=0.35$)。Neguț 等(2016)的研究发现,使用虚拟现实技术评估学习者的认知能力的效果并不理想。

总的来说,模拟学习环境对学业表现的平均效应量为 0.51,如表 5-17 所示。

1) 虚拟病人对学习的影响

在这七项研究中,有三项研究了虚拟病人对医学类专业学生学业表现的影响。Consorti 等(2012)综合 12 项关于使用虚拟病人对临床医学专业学生的学业表现影响的研究发现,临床医学专业学生使用虚拟病人进行学习对其学业成就会产生小的效应强度($d=0.209$)。Shin, Park 和 Kim(2015)综合 20 项关于使用虚拟病人对医学专业学生的学业表现影响的研究发现,医学专业学生使用虚拟病人进行学习对其学业表现会产生中等到大的效应强度($d=0.714$)。

Kim，Park 和 Shin(2016)综合 40 项研究发现，临床专业学生使用虚拟病人对学业表现会产生中等到大的效应强度(d=0.7)。

总的来说，虚拟病人的平均效应量为 0.54，如表 5-17 所示，但是三项研究的结果并不一致。这说明虚拟病人技术在过去几年得到了快速的发展，已经成为医学教育领域一种有效的教育技术形态。

2) 增强现实技术对学习的影响

增强现实技术使用自然交互的方式融合真实世界和虚拟世界将抽象的科学概念、科学原理或科学现象等进行可视化、形象化，增加了学习者与学习内容的互动性，提高了学习者的存在感和专注度(蔡苏等，2016)。Santos 等(2014)综合 7 项关于使用增强现实技术对中小学生学业成就影响的研究发现，使用增强现实技术对中小学生的学业成就会产生中等的效应(d=0.56)。在已纳入的研究中，仅有一项关于增强现实技术对学习影响的元分析研究，且该研究仅纳入 7 项原始研究。由此可以看出，增强现实技术对学习影响的研究还很少。在未来的研究中，研究者仍需要关注。

5. 基于游戏的学习

本研究中基于游戏的学习特指信息技术支持下的游戏。在纳入的六项基于游戏的学习效应强度的元分析中，有五项涉及“媒体比较”，有两项涉及“增值”研究(有一个研究同时涉及“媒体比较”和“增值”比较)。

Sitzmann(2011)综合 55 项模拟游戏对学习影响的研究发现，使用模拟游戏对学习者的自我效能感会产生中等的效应(d=0.52)，对陈述性知识的习得会产生小的效应(d=0.28)，对程序性知识的习得会产生小的效应(d=0.37)。Sitzmann(2011)的研究发现，随着时间的推移，对记忆的保持会产生小的效应(d=0.22)。

Chiu，Kao 和 Reynolds(2012)综合 14 项关于游戏对学业成就影响的研究发现，基于游戏的学习对学业成就会产生中等的效应(ES=0.528)，而且有意义的沉浸式游戏要比练习类游戏的效果显著。

Wouters 等(2013)综合 39 项关于游戏对学习影响的研究发现，使用游戏学习对学习者的学业成就会产生小但显著效应(d=0.29)，对动机会产生小且不显著的效应强度(d=0.26)，对记忆力的保持产生小但显著的效应强度(d=0.36)。Merchant 等(2014)综合 13 项关于桌面式虚拟游戏对学业成就影响的研究发现，在游戏中学习对学业成就会产生中等的效应(g=0.51)。Clark 等(2016)关于使用游戏学习对学业表现影响的研究发现，使用游戏学习对学业成就会产生小但显著的效应(g=0.33)，而且，相比较使用标准版游戏学习的效果，增强型游戏效果更显著（$g=0.34$）。

Wouters 和 van Oostendorp（2013）综合 29 项关于教学指导对游戏学习影响的研究发现，在游戏学习中，相比没有指导的教学，有指导的教学对学业表现会产生中等的效应（$d=0.34$）。

总的来说，使用游戏学习对学习者学业表现的平均效应量为 0.38，也就是说，使用游戏学习的方式进行学习对学业成就提高了 14.8 的百分点；对记忆力的平均效应量为 0.29，对动机的平均效应量为 0.26，对自我效能感的平均效应量为 0.52，如表 5-17 所示。然而，自我效能感是如何影响学习者的学业表现的，这是未来需要关注的研究方向。

表 5-17　基于模拟的学习及游戏化学习的效应量

研究主题		N	n	k	ES	U_3
教育技术	学习结果					
基于模拟的学习	学业表现	7	251	370	0.51	69.5%
虚拟病人	学业表现	3	72	139	0.54	70.54%
增强现实技术	学业表现	1	7	7	0.56	71.2%
基于游戏的学习	学业表现	5	—	—	0.38	64.8%
基于游戏的学习	记忆力	2	—	24	0.29	61.4%
基于游戏的学习	动机	1	17	31	0.26	60.3%
基于游戏的学习	自我效能感	1	—	8	0.52	69.8%

6. 面向早期阅读的数字阅读形态

对于学龄前儿童和小学低年级学生来说，正处于学习如何阅读的阶段，通常是阅读故事书或者绘本。一般来说，面向学龄前儿童和小学低年级段的电子书被称为数字故事书，或者数字绘本。Mol 等（2009）综合 31 项关于使用交互式故事书对学龄前儿童语言发展影响的研究发现，学龄前儿童使用交互式故事书对其语言发展的平均效应量为 0.47。Zucker，Moody 和 McKenna（2009）综合七项关于学龄前儿童和小学生使用电子书对其阅读影响的研究发现，使用电子书对其理解能力会产生小到中等而且显著的效应强度（$d=0.31$），对解码能力仅产生微乎其微的效应强度（$d=0.09$）。Takacs，Swart 和 Bus（2015）综合 38 项关于学龄前儿童和小学生使用数字故事书对其语言发展影响的研究发现，使用数字故事书阅读对其故事理解水平（$g=0.17$）和词汇表达（$g=0.2$）会产生小但却显著的效应强度，但对接受性词汇、识字技能以及参与度都没有产生显著的影响。通过调节变量分析发现，仅有媒体特征的数字故事书的阅读效果比仅有交互特征和交互媒体兼有的效果好。总的来说，数字故事书对学龄前儿童及小学低年级段阅读发展平均效应量为 0.30，如表 5-18 所示。

表 5-18 数字阅读的效应量

研究主题		N	n	k	ES	U_3	PG
教育技术	学习结果						
数字故事书	语言发展	3	—	224	0.30	61.8%	11.8%
电子教材	学业表现	1	26	26	0.34	63.3%	13.3%

7. 电子学习

在纳入的五项关于电子学习的研究中，有三项是"媒体比较"取向的研究(Bernard 等，2004；Lou 等，2006；Zhao 等，2005)，有两项是"增值"取向的研究，主要是关注交互方式在远程学习中的作用(Bernard 等，2009；Borokhovski 等，2012)。Bernard 等(2004)综合 232 项研究发现，相比较传统教学方式，远程教育对学业成就会产生微乎其微且不显著的效应(g=0.012 8)，对学习态度(g=−0.081 2)和在学率(g=−0.057 3)均产生负效应。Zhao 等(2005)综合 51 项研究发现，远程教育对学业表现会产生很小且不显著的正效应(d=0.1)。Lou 等(2006)综合 103 项研究发现，远程教育对大学生的学业成就会产生很小的效应(g=0.016)。

Bernard 等(2009)综合 74 项研究发现，远程教育中的交互对学业成就会产生小到中等的效应(g=0.38)，对学习态度会产生微乎其微的效应(g=0.09)。在 Bernard 等(2009)研究的基础上，Borokhovski 等(2012)综合 32 项研究关注远程教育中生生交互方式对学习的研究发现，生生交互方式对远程教育学业成就会产生小但却显著的效应(g=0.31)。

根据 Bernard 等(2004)、Bernard 等(2009)、Borokhovski 等(2012)、Lou 等(2006)和 Zhao 等(2005)等研究结果，远程教育对学习者学业表现的效应量为 0.16，也就是说，远程教育的学业成就会提高 6.36%。根据 Hattie(2009)关于教育领域中影响学业成就因素的效应量标准，远程教育被认为是一种达到"教师效果"的教学方式(ES=0.16>0.15)。

8. 在线学习

在线学习是指完全或者大部分(超过 80%)的时间通过互联网进行学习。其形式可以是同步的，也可以是异步的；可以是自主学习，也可以是小组协作学习。学习者既可以使用交互式多媒体资料或网络资源进行学习，也可以利用各种在线工具(例如网络会议系统、社交网站、即时交流工具、BBS 以及学习管理系统等)进行沟通交流,后者通常被称为计算机为中介的交流(CMC),其交流方式既可以是基于文字的,也可以是基于视音频的。在线学习主要为那些不能完全参与面对面学习的学习者提供学习的机会,或者是不能获得优质师资资源的学习者提供机会。

本研究纳入的6项在线学习的研究中,Means等(2013),Lin、Huang和Liou(2013),Lin(2014),Lin(2015a)和Lin(2015b)都属于"媒体比较"研究,Broadbent和Poon(2015)都属于"增值"取向的研究;其中四项研究是关于以计算机为媒介的沟通对第二语言学习的效应(H. Lin, 2014,2015a,2015b;W.-C. Lin, Huang, and Liou, 2013)。

Means等(2013)综合45项关于在线学习的研究发现,在线学习对学业成就会产生小的效应($g=0.2$),而纯在线学习对学业成就会产生微乎其微的效应($g=0.05$),混合学习对学业成就会产生较大的效应($g=0.35$)。

H. Lin(2014)综合59项对比CMC与面对面沟通对语言学习影响的研究发现,CMC对语言学习成就($g=0.408$)会产生小到中等的效应强度。W.-C. Lin等(2013)综合7项关于基于文字的同步CMC交流方式对二语学习影响的研究发现,基于文字的同步CMC交流方式对二语学习会产生小但显著的效应($g=0.33$)。

总的来说,在线学习对学业成就的平均效应量为0.32,电子学习对学业成就的平均效应量为0.16,CMC对第二语言学业成就的平均效应量为0.39,如表5-19所示。

表5-19 电子学习、在线学习以及CMC的效应量

研究主题		N	n	k	ES	U_3	PG
教育技术	学习结果						
电子学习	学业成就	5	460	708	0.16	56.36%	6.36%
在线学习	学业成就	4	156	165	0.32	62.55%	12.55%
CMC	第二语言	4	99	—	0.39	65.2%	15.2%

9. 超媒体学习

随着互联网的产生和发展,超文本的引入使得原有的数字化学习资源由线性组织方式转变为"非线性,随机访问"的方式。超媒体和动画形式的数字化教学资源被认为能够满足当下学习者的学习需求和学习方式。本研究所纳入的七项研究与超媒体学习有关,分别是:Abraham(2008)和Yun(2011)两项研究都研究了超文本词汇对学习者第二语言学习的影响;Berney和Bétrancourt(2016)、

Höffler 和 Leutner(2007)以及 McElhaney 等(2015)三项研究研究了教学动画和动态可视化对学习者学习的影响;Guo 和 Goh(2015)以及 Schroeder 等(2013)两项研究研究了教学代理对学习者学习的影响。

1) 超文本词汇

在第二语言学习中,词汇学习是一项重要的学习任务,有助于学习者阅读理解水平的提高。在利用多媒体计算机进行第二语言学习时,采用超文本的方式对学习者可能不熟悉的词汇进行标注被认为有助于提高学习者的词汇学习和阅读理解水平。Abraham(2008)综合 11 项在第二语言学习中使用超文本词汇对阅读理解和词汇学习影响的研究发现,超文本词汇的方式对第二语言阅读理解会产生中等的效应($g=0.73$),对词汇学习会产生大的效应($g=1.4$),对词汇记忆力的保持会产生大的效应($g=1.25$)。而 Yun(2011)综合十项对比超文本与仅使用文本的方式对成人学习者第二语言学习影响的研究发现,超文本对词汇学习会产生小到中等而且显著的效应($g=0.46$)。

综合这两项研究的研究结果发现,超文本词汇对第二语言阅读理解的效应量为 0.73,对词汇习得的效应量为 0.93,也就是说,使用超文本形式呈现第二语言学习资料中的词汇时,学习者的阅读理解成绩会提高 32.38%,词汇习得成绩会提高 26.73%,如表 5-20 所示。

2) 教学动画

在教学中,动画因其生动、形象且互动性强的方式通常被应用于科学原理或现象的可视化表征。因此,动画经常被应用于科学类课程中。Höffler 和 Leutner(2007)综合 26 项关于教学动画对学业成就影响的研究发现,相比较静态图片,使用教学动画对学业表现会产生中等而且显著的效应强度($d=0.37$)。而 Berney 和 Bétrancourt(2016)综合 50 项关于教学动画对学习影响的研究发现,相比较静态图片,教学动画对知识习得会产生小的效应强度($g=0.226$)。

McElhaney 等(2015)综合 26 项动态可视化对科学学习影响的研究发现,使用动态可视化的方式比静态的方式对回忆和推理水平会产生小但边缘显著的效应强度($g=0.12$);继而在对 52 项关于动态可视化中特定设计特征对学习影响的研究发现,使用动态可视化方式画呈现科学现象时,添加一些视觉线索、额外的信息、3D 展示以及教学支持策略等会对知识的习得产生小的效应强度($g=0.226$)。

总的来说,教学动画对学业成就的平均效应量为 0.24,也就是说,使用教学动画呈现教学内容,学习者的学习成就会提高 9.5%,如表 5-20 所示。

3）教学代理

教学代理是指为了支持学习者的学习而在计算机屏幕上呈现的人物形象，这些人物形象可以是卡通类动画人物，也可以是拟人形象（李文静等，2016；王福兴等，2017；詹泽慧，2011）。Schroeder 等（2013）综合 28 项研究发现，在多媒体学习环境中，使用教学代理对学业成就会产生小且显著的效应强度（$g=0.19$）。而 Guo 和 Goh（2015）综合 30 项使用教学代理对学业成就影响的研究发现，使用教学代理对学习动机会产生中等而且显著的效应强度（$d=0.75$），对学习迁移会产生中等的效应强度（$d=0.54$），对学习保持会产生中等的效应强度（$d=0.61$）。

总的来说，教学代理对学业成就的平均效应量为 0.45，对学习动机的平均效应量为 0.75，也就是说，教学代理的使用，学习者的学习成就会提升 17.36%，学习动机会提升 27.34%，如表 5-20 所示。

表 5-20　超媒体学习的效应量

研究主题		N	n	k	ES	U_3	PG
教育技术	学习结果						
超文本	词汇习得	2	16	41	0.93	82.38%	32.38%
超文本	阅读理解	1	11	11	0.73	76.73%	26.73%
教学动画	学业成就	3	154	339	0.24	59.5%	9.5%
教学代理	学业成就	2	54	79	0.45	67.36%	17.36%
教学代理	动机	1	9	10	0.75	77.34%	27.34%
超媒体学习	学业成就	7	198	410	0.6	73%	23%

5.5.4　移动互联时代技术对学习的影响

1. 移动设备支持的学习

移动设备因其具备移动性、便携性、社交联结性、情境感知性以及个性化等特征而被广泛应用于教与学中。纳入研究的两项关于移动设备的元分析研究（Sung，Chang，and Liu，2016；Sung，Chang，and Yang，2015）都是关于使用移动设备支持教学与传统教学学习效果比较的研究，因此都属于“媒体比较”取向的研究，其中 Sung、Chang 和 Yang（2015）比较了移动设备支持语言学习的效果。Sung、Chang 和 Liu（2016）综合了 108 个关于使用移动设备对学习影响效能的研究发现，相比传统教学方式，使用移动设备进行学习对学业成就会产生中等而且显著的正效应（$g=0.523$），对动机、参与度、态度、满意度和偏好等情感类学习结果会产生小到中等但却显著的正效应($g=0.443$)。Sung、Chang和Yang(2015)综合了44项关于使用移动设备对语言学习影响的研究发现,使用移动设备开展语言学习对学业成就会产生中等而且显著的效应($g=0.531$),对动机、满意度和态度等情感类学习结果会产生中等而且显著的效应($g=0.550$)。

由于Sung、Chang和Liu(2016)纳入的研究涵盖了Sung、Chang和Yang(2015)的研究,在计算移动设备对学业成就的平均效应量时,本研究仅使用前者的数据,因此,移动设备的使用对学业成就的平均效应量为0.523,也就是说,使用移动设备进行学习的学生的学业成绩整体会提高19.95%,对情感类学习结果的平均效应量为0.443,如表5-21所示。根据Hattie(2009)关于教育领域中影响学业成就因素的效应量标准,移动设备支持的学习可以被认为是一种"创新"的教学方式,基本达到了人们对这种教学方法的预期效果($ES=0.523>0.4$)。

2. 即时反馈系统

即时反馈系统是教师即时收集学生课堂学习掌握情况,并及时给予恰当反馈的交互式工具(转引自Castillo-Manzano等,2016)。最初是一种独立的手持式移动设备,学生根据教师的指示在手持设备上进行点按选项,学生的选择结果通过无线网络传递到教师端,教师端生成学生回答的结果,并呈现给教师,帮助教师即时了解学习者的学习情况,并给予及时、适当的反馈和指导。这种方式取代了传统课堂中的纸质随堂测验和举手回答问题的方式。一般来说,学生的信息可以是匿名的,因此,这种方式还被认为能够激励那些容易害羞的学生降低在课堂上的焦虑感,提高学生们参与课堂的积极性。特别是在大学课堂教学中,使用即时反馈系统被认为可以提高大学生的课堂参与度(包含出勤率)。由于智能手机和平板电脑的普及,现在越来越多即时反馈系统设计为网页版本,所能实现的题目类型不再局限于选择题,通常还有填空题或者匹配题等。

本研究纳入的三项关于即时反馈系统的元分析都是关于使用IRS和传统课堂学习效果比较的研究,因此都属于"媒体比较"取向(Castillo-Manzano等,2016; Chien, Chang, and Chang, 2016; Hunsu等,2016)。然而,三项研究的关注点并不一样,Castillo-Manzano等(2016)主要研究了IRS的使用对学业成就的影响,Hunsu等(2016)不仅研究了对学业成就等认知学习结果的影响,还研究了对非认知学习结果的影响。而Chien等(2016)主要为了验证可能解释使用IRS能够提高学业成就相关的六个理论:新奇效应、测试效应、不等量曝光效应、附加问题效应、反馈效应和自我解释效应。

Castillo-Manzano 等(2016)综合 32 项研究发现,使用 IRS 对学业成就会产生小到中等程度的正向效应($g=0.24$)。Hunsu 等(2016)综合 53 项研究发现,使用 IRS 对认知类学习结果会产生非常小但显著的效应($g=0.05$),对非认知类学习结果会产生小到中等但显著的效应($g=0.23$)。

由于 Chien 等(2016)的研究中未报告研究的总效应量,在计算使用 IRS 对学习者学业成就影响的平均效应量时,本研究仅使用了 Castillo-Manzano 等(2016)和 Hunsu 等(2016)的数据,因此,使用 IRS 对学习者学习成就影响的平均效应量为 0.249,对学习满意度、学习动机等情感类学习结果的平均效应量为 0.23,如表 5-21 所示,也就是说,使用 IRS 平均可以提高 9.83%的学业成就。根据 Hattie(2009)关于教育领域中影响学业成就因素的效应量标准,在教学中使用即时反馈系统达到了"教师教学"效果($0.15<ES=0.249<0.4$),可以作为一种课堂管理的工具,但是不能过于期望其提高学生的学业成就。

3. 一对一学习

一对一学习(One to One Laptop)是指中小学师生人手拥有一部可联网的移动设备来进行教与学的活动(雷静、赵勇、康威,2007)。最初由美国的 Elliot Soloway 和 Cathie Norris 两位学者提出,并很快在世界范围内得到了响应(张浩、祝智庭,2008)。一对一数字学习主要采用笔记本电脑、平板电脑和手机等移动设备。而移动设备主要用于阅读、写作和信息检索等。一般而言,一对一数字学习能够为学习者提供随时随地学习的可能,被认为是消除数字鸿沟的有效方式(雷静等,2007;Zheng 等,2016)。在所纳入的元分析研究中,仅有一项研究了一对一学习对学习成就的影响(Zheng 等,2016)。B. Zheng 等(2016)综合 10 项关于中小学"一对一学习"项目的研究发现,"一对一学习"这种教学方法对中小学生学业成就会产生很小但显著的正效应($d=0.16$),如表 5-21 所示。通过对不同学科学业成绩影响的分析发现,"一对一学习"对科学课程的影响最高($d=0.249$),其次是写作($d=0.199$)、数学($d=0.165$)和英语($d=0.151$),但对阅读课程的影响并不显著。该研究认为,对于欠发达地区的一对一数字学习项目是缩小数字鸿沟的有效方式,但是并未给出充分的证据。

表 5-21 移动设备、即时反馈系统和一对一学习的效应量

研究主题		N	n	k	ES	U_3	PG
教育技术	学习结果						
移动设备	学业成就	2	151	—	0.523	69.95%	19.95%

续表

研究主题		N	n	k	ES	U_3	PG
教育技术	学习结果						
移动设备	情感	2	27	—	0.443	67.11%	17.11%
即时反馈系统	学业成就	3	—	169	0.249	59.83%	9.83%
即时反馈系统	情感	1	—	25	0.23	59.1%	9.1%
一对一学习	学业成就	1	10	67	0.16	56.4%	6.4%

4. 电子教材

随着平板电脑在教学中应用的普及，电子教材的设计、开发与应用得到了快速的发展。Jang 和 Shin(2016)综合 26 项韩国中小学生使用电子教材对学习影响的研究发现，韩国中小学生使用电子教材对其学业成就会产生小到中等而且显著的效应强度($g=0.335$)。通过调节变量分析发现，男生比女生的效果显著；中学生的效果比小学生的好；对情感类学习结果的影响要比对认知学习结果的影响显著。总的来说，电子教材的使用对中小学生学业表现的平均效应量为 0.34，如表 5-22 所示。但是由于该研究仅来自韩国中小学生使用电子教材的结论，因此，对于电子教材对学习影响大小以及电子教材使用最佳效果的关键特征还需要通过更多的元分析研究综合得出。

表 5-22　电子教材的效应量

研究主题		N	n	k	ES	U_3	PG
教育技术	学习结果						
数字故事书	语言发展	3	—	224	0.30	61.8%	11.8%
电子教材	学业表现	1	26	26	0.34	63.3%	13.3%

5. 混合学习

混合学习一词的提出最早在 2000 年(Bernard 等，2014)。混合学习主要起源于对远程教育和在线学习效果的反思，人们认为结合面对面学习与在线学习的优势可以更好地提升学业成就。自 2001 年起，混合学习成为教育实践和科学研究的重要领域。本研究纳入的两项混合学习的研究都属于“媒体比较”研究取向(Bernard 等，2014；Liu 等，2016；Means 等，2013；Spanjers 等，2015)。Bernard 等(2014)综合 96 项研究发现，混合学习对大学生的学业成就会产生小但显著的效应($g=0.334$)。Spanjers 等(2015)综合 47 项研究发现，混合学习对测试、课程等级、任务评估等客观评价方式的学习结果会产生中等且显著的效应($g=0.34$)，对自评、自我效能感等主观评价方式的学习结果也会产生中等且显著的效应($g=0.27$),对学业满意度会产生较小且不显著的效应($g=0.11$)。总的来说,混合学习对学业成就的平均效应为0.58,比在线学习和远程学习的效果好,如表5-23所示。

表5-23　混合学习的效应量

研究主题		N	n	k	ES	U_3	PG
教育技术	学习结果						
混合学习	学业成就	4	151	175	0.58	63.3%	13.3%

6. 小结

自2010年以来,平板电脑、智能手机等移动设备在工作、学习与生活中逐步普及,"自带设备"(Bring Your Own Device,简称BYOD)项目(Song and Kong,2017)开始在世界各地中小学普及,这使得教育管理者和工作者又面临新的挑战和困难。然而,需要注意的是,在开展BYOD这一形式的教学活动时,教学设计师和教师仍需关注过去的研究所带来的经验和教训。同时,教育研究者和实践者应该关注到在采用BYOD这种方式进行教学时所产生的新问题。

5.5.5　跨时代技术的使用对学习的影响

本研究将包含多种形态教育技术的研究归入"混合技术"一类,例如,Slavin和Lake(2008)分别研究了教材、CAI、混合程序以及教学过程程序的使用对学习的影响。已纳入的12项关于教育技术的研究中,"媒体比较"取向的元分析有九项,"增值"取向的元分析有三项。

Moran等(2008)使用"最佳证据整合法"整合20项关于使用技术进行阅读对阅读表现(包含阅读理解成绩、元认知和情感等方面)影响的研究发现,使用技术进行阅读对中学生的阅读表现会产生小到中等而且显著的效应($g=0.489$)。通过调节变量分析发现,言语理解类干预的效果要比解码类好;研究者开发的测试要比商业开发的测试效果好;普通学习者阅读效果要比特定群体阅读者好;使用研究者设计开发的系统阅读效果要比商业产品和仅用于传递资源的系统效果好;干预持续时长对阅读效果的影响呈现倒U型的结果,适当的干预时间最有利于阅读效果。

Slavin等(2008)整合33项关于较长时间使用技术进行阅读对中学生阅读效果影响的研究发现,使用不同的技术进行阅读对中学生的阅读成绩会产生小的效应($ES=0.17$)。将阅读使用的技术分成阅读教材、混合模式、CAI程序(补充型CAI和基于计算机的学习管理系统)以及教学过程程序(合作学习程序、策略教学程序以及综合学校改革方案)后分析发现，使用教学过程程序，特别是合作学习程序和混合模式等，中学生的阅读效果更好。Slavin 等(2008)使用“最佳证据整合法”综合 87 项关于使用技术进行数学学习对小学生数学成绩影响的研究发现，小学生使用技术进行数学学习对其数学成绩会产生小的效应($ES=0.22$)。将使用的技术分成数学教材、CAI 程序和教学过程程序后分析发现，数学教材的使用对小学生数学成绩会产生很小的效应，CAI 的使用会产生中等的效应，而教学过程程序，特别是具备合作学习特征、课堂管理、激励策略和补充型辅导策略的会产生最佳的效果。

Schmid 等(2009)整合 231 项技术在大学课堂教学中的使用对学业成就影响的研究发现，在大学课堂中使用计算机技术对学业成就会产生小但显著的效应($g=0.28$)。对调节变量的分析发现，技术“饱和度”对学业成就的效应呈现显著性差异，技术“饱和度”越高，其效应越低，也就是说在大学课堂中技术使用越多，并不代表学业成绩也会提高；使用能够提供认知支持的技术要比演示支持的效果好。Li 和 Ma(2010)整合 38 项关于技术对中小学生数学学习影响的研究发现，中小学生使用技术学习数学对其数学成绩会产生小但却显著的效应($d=0.28$)。

Cheung 和 Slavin(2012)综合 80 项使用教育技术对中小学生阅读效果影响的研究发现，中小学生使用教育技术进行阅读对其阅读成绩会产生小但却显著的效应($d=0.16$)。对调节变量的分析发现，中学生使用教育技术进行阅读比小学生效果显著好；中低水平的学生使用教育技术进行阅读比学业水平高的学生效应显著好。而 Cheung 和 Slavin(2013)综合 64 项使用教育技术对中小学生数学成绩影响的研究发现，中小学生使用教育技术学习数学对其数学成绩会产生同样的效应($d=0.16$)。对调节变量的分析发现，中小学生使用补充型 CAI 学习数学比 CML 和综合模式效果更好；使用频率越高，学习效果越好。Archer 等(2014)从已有的三个元分析中析出 27 篇关于技术的使用对读写能力影响的研究发现，使用教育技术进行阅读和写作对其读写能力会产生小且显著的效应($g=0.181$)。对调节变量的分析发现，适当的培训和支持有助于提高使用技术进行读写的效果。

Schmid 等(2014)综合 674 项关于教育技术的使用对大学生学业成就和态度影响的研究发现，大学生使用教育技术学习对其学业成就会产生小但显著的效应($g=0.27$)，对态度会产生类似的效应($g=0.21$)。对调节变量的分析发现，大学生使用教育技术学习在 STEM 课程方面的影响要比非 STEM 课程的影响大；大学生使用中低水平饱和度的技术比高水平的效果好，技术丰富度对学习的影响呈现倒U型，也就是说在大学中使用过多的技术并不利于学习。

Karich等(2014)综合18项关于使用教育技术过程中学习者控制学习对学习影响的研究发现，相比较程序控制来说，学习者控制会产生极小的效应($g=0.05$)。通过调节变量分析发现，使用综合类教育技术程序比使用练习类和辅导类的效果好；学习者控制在行为结果方面的影响比在学习成就方面的影响要好；学习者控制的方式在语言类课程和社会学科类课程的效果比在数学、科学和计算机类课程的效果好。

Borokhovski等(2016)综合40项关于使用教育技术时生生交互对学业成就影响的研究发现，生生交互对大学生学业成就会产生小且显著的效应($g=0.35$)。通过调节变量分析发现，设计型交互方式对学业成就的影响比情境型交互显著；使用具备认知支持或交流支持的教育技术比其他类型的效果好。

总的来说，教育技术的使用对学业成就的平均效应量为0.25，对态度的平均效应量为0.21，如表5-24所示。

表5-24 教育技术的平均效应量

研究主题		N	n	k	ES	U_3	PG
教育技术	学习结果						
教育技术	学业成就	9	1 254	—	0.25	59.9%	9.9%
混合技术	态度	1	109	181	0.21	51.6%	1.6%

5.6 技术对学业成就影响大小排名

从各类典型教育技术形态平均效应量来看，其学习结果主要分为学业表现、学业成就、记忆力、态度、满意度、动机等。为考虑得出不同教育技术形态对学业表现影响大小的排名，本研究将学习结果、学业表现和学业成就的相关内容一起论述，对记忆力单独论述，其他与情感有关的学习结果一起论述。

本研究将采用Hattie(2009)关于教育影响的指标作为本研究评判教育技术形态对学业影响大小的指标。在Hattie(2009)的研究中，他将大于0小于0.15之间的效应强度称为“发展效果”，可认为是学生自然成长的结果；将大于0.16小于0.4的效应强度称为“教师效果”，是接受学校教育的结果；将大于0.4的效应强度称为“期待效果”，可认为是学校或教师实施教育革新的效果；将小于0的效应强度称为“负面效果”。

5.6.1 “教育革新效果”的教育技术形态

Hattie(2009)将平均效应量大于 0.4 的因素认为是实现“教育革新效果”的教育技术形态，本研究的研究结果发现，实现“教育革新效果”的教育技术形态有：超文本支持的语言学习、教学代理、多媒体学习、混合学习、增强现实技术、虚拟病人、概念图、移动设备支持的学习、基于模拟的学习、计算机辅助教学和影片反馈，如表 5-25 所示。

基于模拟的学习方式通过使用 3D 的方式模拟真实世界中难以呈现的学习内容或学习活动，而增强现实技术更是采用自然交互的方式融合真实世界与虚拟世界。基于模拟的学习、增强现实技术、虚拟病人对学业表现的平均效应量分别为：0.51，0.56，0.54。基于模拟的学习方式能够增强学习者与学习内容的互动性，其可视化与拟真的方式有助于学习者对概念、原理等的理解，提升学习者的存在感和专注度。

概念图是一种有效的“用于组织和表征知识”的认知工具(赵国庆、陆志坚，2004)，其对学业成就的平均效应量为 0.53，且对学习态度和动机会产生大的效应($ES=0.77$)。概念图能够支持学习者将所学内容与已有内容进行可视化表达，减轻了学习者对知识加工的认知负担，提高了学习者的学业成就，同时，这种可视化的表达方式使得学习者能够“看到”自己的学习结果，有益于提升其学习兴趣和学习态度。

移动设备因其具备移动性、便携性、社交联结性、情境感知性以及个性化等特征而在教学中被广泛使用。移动学习设备对学业成就的平均效应量为 0.523。作为一种融合正式学习与非正式学习的典型教育技术形态，学习者可以结合自身学习需要随时随地进行学习，而且学习者可以任意获取自己所需的学习资源。

教学代理是在智能教学系统(Schroeder, Adesope, and Gilbert, 2013)或多媒体学习(Guo and Goh, 2015)中为提高学习者的学习所采用的卡通类人物形象或拟人形象等。教学代理对学业表现的平均效应量为 0.75。

CBI 和 CAI 的方式能够为学习者提供额外的练习与即时的反馈，加强对学习者学习材料的理解，解决迷思概念，促进学习者有意义的加工。CAI 和 CBI 对学业成就的平均效应量分别为 0.46 和 0.45。CAI 和 CBI 作为较早的教育技术形态至今仍然是教育研究和教学实践的重点。在 Hattie(2009)等较早期的研究中，其效果并未达到革新教学效果的水平。由此可以看出，随着计算机技术的成熟以及教育技术从业者(教师和教育技术研究者)的努力，基于计算机的教学对学习效果的提升已经取得了很大的进步。

影片反馈的方式主要用于教师教育或培训中,其对专业能力提升的平均效应量为 0.4。这种方式要求学习者或接受培训者回看自己教学或工作的视频,观察和反思自己的行为表现。对于教师培养与培训来说,微格教室仍然是一种高效的教学方法。

总的来说,这些实现“教育革新效果”的教育技术形态都基本上脱离了“物化形态的技术”,属于“智能形态的技术”。在这类形态中,技术的使用与学习内容和学习目标的达成较为一致,从某种程度上说明了在利用技术支持教学时,要考虑技术的使用与学习内容和学习目标的设定,不能仅仅是为了技术而使用技术。

5.6.2 “教师效果”的教育技术形态

1. 达到技术促进学习一般效果的教育技术形态

教育技术对学习影响的一般效果,即教育技术对学习影响的平均效应量为 0.34,达到这一效果教育技术形态有:CMC,文本处理器,基于游戏的学习,智能导学系统,电子教材和混合学习,如表 5-25 所示。

相比较 CALL 的方式来说,CMC 对学习影响的效果要小,主要原因在于 CMC 仅仅使用各种在线工具实现多种模式的交流与沟通,这种交流沟通的方式往往是非正式、非结构化的,对于系统化知识与技能的学习比 CALL 的方式不好。从这一点上可以看出,对于语言学习来说,虽然这种非正式、非结构化的学习对学习效果有促进作用,但是不及 CALL 的正式的、结构化的学习方式。相比较纸质写作来说,利用文字处理器进行写作的方式,可以实现写作者多次对内容修改,进而完善写作内容,为写作质量的提升提供了便利,但是对写作能力的提升并不会达到“革新”的效果。相比较基于模拟的学习来说,基于游戏的学习虽然有较强的互动性和沉浸感,但是学习者难以对学习产生归属感。这可能使得基于游戏的学习对学习影响的效果仅处于一般效果之上,革新效果之下。智能导学系统能够为学习者提供及时、个性化的反馈,缺乏来自教师的指导与反馈,学习者主要通过系统进行学习。虽然其反馈方式越来越“智能”,但是仅仅有生机互动,缺乏与教师和同伴的互动方式。虽然电子教材在教学内容呈现和教学支持方面做了很多努力,但是其仍然受限于传统的教学方式,教师还没有足够的经验和能力设计符合电子教材教学的教学活动或教学任务,需要开展更多的教学实践研究,挖掘电子教材对教学效果提升更大的潜力。混合学习作为在线学习和传统学习的融合,对教学活动的组织方式进行了优化,但是其学习资源受限于多媒体及视听教学资源,教师没能在教学资源的准备方面进行更多的努力,若要发挥其更大的效能，需要一线教师和研究者通力合作，探索适合混合学习的教学内容，优化学习活动及组织方式的设计。

总的来说，以上这些教育技术形态虽然“摆脱”了“物化形态技术”的“束缚”，但是其“智能形态技术”的属性发展并不完善。一方面，与此对应的技术需要进一步发展和完善，另一方面对这些教育技术形态在教学中的教学法知识需要不断积累。针对文字处理器对写作的影响来说，近年来，在一线语言类教学（语文或英语）中许多教师开始尝试使用协作写作工具开展写作教学。未来的研究需要对此进行关注。再如，混合教学不仅仅要混合传统教学和在线教学的方式，更要融合多种教学策略和学习活动。在研究者所在团队进行的一项关于混合学习的个案研究中，课程教师尝试使用讲授、自主阅读、合作探究、讨论交流、汇报与辩论等多种形式的教学策略，帮助学习者在多种活动中多感官体验和理解不同类型的知识、技能与方法，而且在教学支持工具上，课程教师综合使用云存储技术以及日常生活中使用的即时通信工具支持混合学习的开展和实施。

2. 达到一般效果与教师效果之间的教育技术形态

图形计算器、数字故事书、即时反馈系统、视听教学、混合技术、教学动画、IBL、在线学习、一对一教学等对学业表现的影响达到了教育技术的一般效果与教师效果之间的效果，如表 5-25 所示。这类形态的技术仍未完全摆脱“物化形态技术”的特征，对物化技术的依赖程度较高，教师和学习者往往不能很好地将技术无缝融入教学过程中去，甚至对技术的使用有一定的“焦虑”，导致其使用效果不好。目前来说，这类技术的使用并未对教学活动的组织方式产生影响，仅仅是“替代”先前传统的教学方式而已。

5.6.3 “发展效果”的教育技术形态

实现“发展效果”的教育技术形态有：远程教育、程序教学、视听教学等，如表 5-25 所示。对于远程教育来说，虽然其对学习影响的效果很小，但是考虑到其降低了学习的成本并提高了学习的机会，所以，其不适合使用效应量大小的标准进行衡量。对于那些不能参与面对面教学和无法获得优质教学资源的学习者来说，远程教育的方式增加了学习的机会，降低了学习的成本，具有很高的可行性。对于程序教学和个别化教学系统来说，其对学习影响的效果主要局限于当时技术条件的限制，难以实现其背后的教学思想。从教育技术发展的角度来说，程序教学和个别化教学系统的使用对此后计算机辅助教学、智能导学系统等教学程序的设计与开发奠定了基础。

表 5-25 学业成就影响因素排名

效果	教育技术	*ES*	U_3	*PG*
教育革新效果	超文本(词汇)	0.930	82.38%	32.38%
	教学代理	0.750	77.34%	27.34%
	超文本(阅读)	0.730	76.73%	26.73
	多媒体学习	0.665	74.70%	24.70%
	混合学习	0.580	63.30%	13.30%
	增强现实技术	0.560	71.20%	21.20%
	虚拟病人	0.540	70.54%	20.54%
	概念图	0.530	70.20%	20.20%
	移动设备支持的学习	0.523	69.95%	19.95%
	基于模拟的学习	0.510	69.50%	19.50%
	CAI	0.460	68%	18.00%
	CBI	0.450	67.36%	17.36%
	影片反馈	0.400	65.50%	15.50%
介于教师效果和平均效果之间	CMC	0.390	65.2%	15.2%
	文字处理器	0.390	65.20%	15.20%
	基于游戏的学习	0.380	64.80%	14.80%
	智能导学系统	0.360	64.10%	14.10%
	电子教材	0.340	63.3%	13.3%
介于平均效果和发展效果之间	图形计算器	0.330	62.90%	12.90%
	在线学习	0.320	62.55%	12.55%
	数字故事书	0.300	61.80%	11.80%
	视听教学	0.275	60.83%	10.83%
	即时反馈系统	0.249	59.83%	9.83%
	教学动画	0.240	59.5%	9.50%
	基于网络的学习	0.235	59.30%	9.30%
	一对一学习	0.160	56.40%	6.40%
	电子学习	0.160	56.36%	6.36%
发展效果	程序教学	0.090	53.59%	3.59%

5.7　小结与讨论

虽然已有研究对技术支持学习者“表达”和“建构”本能发展有效性的关注不够，但是几乎所有的教育技术都在起作用；技术对学习所产生的一般效果为0.34，也就是说，相比较在教与学中不使用技术，使用技术的学习者学业成绩会提高13.3个百分点。同时，本研究发现，技术对学业成就影响的大小与发表年份存在显著的正相关。随着信息技术的发展，技术对教与学的支持程度越来越大，技术对教育的影响也越来越大。信息技术的发展与技术对教育的影响之间存在滞后性。技术采纳仅仅是教育变革的一部分，为达到教育变革的影响，还需要进行教师培训、教学支持和课程重构等各方面的跟进。这是一项系统性工程，而且对于当下的多数教师来说，他们按照现有的教学方式已经工作了很多年了，一下子让他们去改变原有的教育理念和教学策略是不现实的。而教师作为学校教育教学活动的设计者、组织者和实践者，主导教学活动发生的过程。不同类型技术的使用对学习影响的大小存在显著性差异，正验证了本研究的基本价值判断。技术通过符号系统和处理能力作用于学习者的学习。

本研究纳入的关于增强现实技术的使用对学习效果影响的元分析仅有一项，且原始研究仅有7个。对这一结果的解释需要谨慎，未来需要进一步关注增强现实技术对学习影响的综合研究。另外，近年来，社交媒体、MOOC等在教学中的使用得到了广泛的关注，有关于其对学习影响的实验研究也已经有很多，而使用元分析方法进行研究的基本没有，教育技术研究者可以对此有所关注。元分析这一概念和方法的提出已经有四十余年的历史，被认为是实证研究中证据等级最高的方法。元分析的统计分析方法克服了传统假设检验的缺陷，其在心理学和教育学研究领域中也得到了极大的关注和发展。本研究发现，自2013年起，发表在高影响因子的SSCI类期刊的技术影响学习有效性的文章呈现稳定的增长，而且研究主题已经基本涉及教育技术的各个领域。可以说，元分析已经成为国际教育技术领域学术共同体认可的“最佳证据”。

第六章

技术有效应用于教与学中的设计原则和策略

本研究的第三个研究问题为“本研究所纳入的元分析为技术有效应用于教与学提供了哪些证据?”。回答这一问题的目的在于为教育实践者提供技术有效应用于教学中的策略和方法。本部分的研究数据主要来自再分析中所纳入元分析调节变量的结果。根据已有再分析研究主题的分析,该部分主要从媒体呈现、认知工具与教学系统、移动设备支持的教与学以及远程教育和在线学习四个方面呈现研究结果及其设计原则和策略。

6.1 媒体呈现

6.1.1 多媒体学习相关的研究结果

Ginns(2006)关于临近原则的研究发现,高交互性的效果显著好于低交互性。Ginns(2005)关于通道原则的研究发现,高交互性的效果显著好于低交互性;由程序控制学习步调比学习者自己控制步调的效果显著,而且学生自己控制步调可能起到反作用;对学习迁移测验效果最好,其次是迁移测试的时间,再就是主观认知负荷的分数,但对简单测验的效果不显著;对科学课程的效果最好,其次是机械类、英语理解和数学与逻辑,但对社会科学课程的效果成负效应。

Adesope 和 Nesbit(2012)关于冗余原则的研究发现,使用文字加解说的形式要比仅解说的形式效果显著,但是并不比仅文本的形式好;由程序控制学习步调的效果要比由学习者自己控制步调的效果显著;音频和文字之间低对应关系比高对应关系效果好,但是两者对学习结果的影响都达到了显著,而混合对应关系的效果成负效应;没有动画的效果比有动画的效果好;没有图片的效果比有图片的效果好。

Montero Perez 等(2013)关于视频的使用对学习影响的研究发现,不同类型的测验方式对听力理解和词汇学习的效应呈显著性差异,接受型测验方式($g=1.436$)比产生型测验方式($g=0.547$)对听力理解会产生更大的效应;不同水平的学习者的听力理解和词汇习得的效应也呈显著性差异,对中等水平学习者的听力理解影响最大($g=1.552$),对初学者($g=0.657$)和高水平($g=0.711$)学习者的听力理解影响中等,对初学者的词汇学习影响最高($g=1.179$),对中等水平学习者和高水平学习者的词汇学习影响中等($g=0.821$;$g=0.87$)。

6.1.2 超媒体学习相关的研究结果

1. 超文本词汇

Abraham(2008)关于超文本形式对词汇学习影响的研究发现，不同教学水平对词汇学习的后测成绩的效应呈显著性差异，高级课程($g=2.06$)的效应最高，中等课程($g=1.34$)次之，初级课程的效应最小($g=0.57$)，但由于每一水平的研究数量较少，对这一结果的解释需要谨慎。

而Yun(2011)发现，学习者水平会对第二语言词汇习得产生显著性差异，处于初学阶段的学习者收获最大($g=0.698$)，高阶阶段的学习者收获次之($g=0.579$)，中等阶段学习者的收获最小($g=0.233$)；不同类型的词汇测验的效应也呈显著性差异，单词认读、字形辨析、意义辨析、图像识别以及回忆或"出声朗读"等形式的效应量分别为：0.6，0.689，0.455，0.617和0.435，都是中等到大的效应。

2. 教学动画

Höffler和Leutner(2007)关于教学动画对学习影响的研究发现，呈现型动画比装饰型动画的效果好，而且装饰型动画往往是负效应；基于视频的动画比电脑制作类动画效果好；真实图片和简笔画的效果呈显著，而拟真化效果的图片效果未达到显著；对军事领域的学习效果最好，但对化学、数学、物理和生物的学习效果都未达到显著。而McElhaney等(2015)发现，教学动画在教室中使用的效果比在实验室效果要好；对中小学生的效果要比大学生好；干预时间长的效果比短时间好。

3. 教学代理

Schroeder等(2013)关于教学代理对学习影响的研究发现，文本的效应最大，其次是声音和文本组合，再就是声音；非类人型的效果最好，其次是类人型，真人型并未达到显著；没有声音的效果最好，其他都未达到显著；混合代理的效果最好，其次是动画类，静态类基本没有效果。

6.1.3 设计原则和应用策略

综合分析发现，媒体呈现的最佳设计原则主要包含以下几点：

1. 多媒体内容的呈现要符合多通道原则、临近原则和冗余原则。

本研究所纳入元分析的研究结果再次验证了迈耶(2005)的多媒体内容呈现的其中三个原则：通道原则(Ginns，2005)、临近原则(Ginns，2006)和冗余原则(Adesope and Nesbit，2012)。在学习内容的设计和组织时，要考虑听觉通道和视觉通道的交互作用，合理使用双通道有限的认知容量；在学习内容呈现时，要考虑言语信息和图像信息的空间临近原则以及声音信息和图像信息的时间临近原则，同时，还要考虑在单一通道上不要使用两种形式的媒体呈现。例如，同时使用图像和文字的多媒体学习内容就会使得视觉通道超载，这种情境下最好使用图像和解说的形式。

2. 适当的培训会提升多媒体学习者学习过程的管理。

Ginns(2005)、Ginns(2006)的研究结果均发现，在利用多媒体学习时，程序控制的效果要比学习者自己控制的效果好。这可能是因为在使用多媒体之前，学习者没有经过适当的培训，可能会遇到操作不熟练等问题，造成学习效果不佳。而由程序控制的学习过程，学习者不会因为操作不熟练而造成外在认知负荷过高，导致学习成效的降低。

3. 多媒体学习更适合科学课程的学习。

Ginns(2005)的研究结果发现，科学课程的学习效果最好。这主要是源于多媒体的方式呈现科学概念、现象和原理有助于学习者理解和加工。

6.2　认知工具和教学系统

6.2.1　教学系统的相关研究结果

1. 计算机教育应用

J. A. Kulik、Bangert 和 Williams(1983)通过对调节变量的分析发现：(1) 干预时长(实验持续的时间)与学业成就成反比，即干预持续时间越长，CBI对学业影响的效应强度越低。这从某种程度上验证了“新奇效应”(Novelty Effect)，这与Clark(1983; 1994)的观点一致。(2) 发表时间越晚，CBI 对学业成就的影响越大。可见，随着技术的成熟度不断提高，CBI 的教学方式越有利于学习。(3) 其他调节变量，如计算机的类型(管理、辅导、模拟、程序语言和练习)、CBI 的类型(作为替代还是补充)、教师效应(相同教师还是不同教师)、学业水平和年级等没有显著的差异。

C.-L. C. Kulik 和 Kulik(1991)对调节变量的分析发现：(1) 干预时长与学业成就呈反比，干预时间少于四周的研究的平均效应量显著高于干预时间大于四周的研究的平均效应量，这也验证了“新奇效应”；(2) 不同教师(实验组和对照组是不同教师执教)的效应显著高于同一教师(实验组和对照组是同一教师执教)的效应；(3) 期刊论文的效应显著高于“灰色文献”(未发表的研究报告，例如会议论文和学位论文等)的效应。由此可以看出,在 CBI 中,不同教师的教授效果比相同教师教授的效果好;CBI 对不同年级或年龄段的学习者的影响基本没有差异;干预时间在 1～4 周内对学习者学业成就的影响效果最好;学业水平低的学生受益最大。

2. 计算机辅助教学

J. A. Kulik 等(1980)的研究发现,在传统的教学中,不同天赋的学习者接受同样的信息量和类型的教学,天赋会很大程度上影响学业表现。而在计算机辅助的个性化教学中,学习者能够接受大量的他们需要的教学,天赋对学业表现的作用会因此减弱。Fletcher-Flinn 和 Gravatt(1995)发现,使用 CAI 对不同年级和不同学科的影响差别不显著,对男生的效果比对女生的效果显著好,且对女生的学业成就提高起到了反作用。

Sosa 等(2011)发现,增加学习时间($d=0.97$)比未增加学习时间对学业成就的效应要高($d=0.23$);嵌入式测验($d=0.67$)比非嵌入式测验的方式好($d=0.26$);非会议文章($d=0.37$)比会议文章($d=0.04$)的效应要显著高;补充型方式($d=0.39$)比代替型方式($d=0.17$)的效应要高。由于所纳入研究关于学科分类不够精细,且不同元分析研究之间的结论差异较大,难以区分 CAI 对不同学科的影响。

3. 智能导学系统

VanLehn(2011)该研究根据用户界面交互的"颗粒度",将智能导学系统分为基于答案的智能导学系统(Answer-based Tutoring System),基于阶段的智能导学系统(Step-based Tutoring System)和基于分步的智能导学系统(Substep-based Tutoring System),并将这三种智能导学系统与人工辅导和无辅导形式进行两两对比。

Steenbergen-Hu 和 Cooper(2013)对调节变量的分析发现,干预时间少于一年的效应显著高于干预时间超过一年的效应,可以说验证了"新奇效应"。

Ma 等(2014)对调节变量的分析发现,当控制组为大课堂教学、自主使用 CBI 和自主使用教科书或练习册时,智能导学系统会产生小到中等且显著的效应强度,但是当控制组为小组学习和个体辅导时,智能导学系统的作用是微乎其微的。

Gerard 等(2015)通过对增强型和简单类型的自适应指导系统的研究进行调节变量分析发现,允许自我监控($g=0.5$)比未允许自我监控($g=0.17$)会产生更大的效应;增强型自动自适应指导系统对先验知识中低水平学习者的影响要比先验知识水平高的显著大;增强型自动自适应指导系统对生成性任务的影响比选择性任务显著。

6.2.2 认知工具的相关研究结果

1. 文字处理器、概念图和几何画板

Bangert-Drowns(1993)通过对调节变量的分析发现，利用文字处理器写作的时间越长，其效应越明显，这与“新奇效应”不符；而且每周使用电脑次数越多，其效应也越明显。这能够从某种程度上说明，对于大学生来说，越熟练使用电脑和文字处理器，越有利于其写作质量的提升。

Nesbit 等(2006)通过对调节变量的分析发现，学生自己预先创建概念图并不比教师提前创建概念图对学习效果产生更大的影响。

Chan 和 Leung(2014)通过对调节变量的分析发现，在小学阶段使用动态几何画板会比在初中、高中阶段使用效果更好，但是初中生和高中生使用动态几何画板对学业成就也产生了中等的效应强度；干预持续时间长短对学业成就影响呈显著性差异，干预时间小于两周的效应显著高于超过两周的效应。

2. 基于模拟的学习相关研究结果

Hatala 等(2014)的研究发现，随着时间的推移，即时反馈和终点反馈对程序性技能保持的影响微乎其微($g=0.08$)；来自教师的反馈比模拟生成的反馈效果好($g=0.74$)；多种来源的反馈比单一形式的反馈效果好($g=0.43$)。Consorti 等(2012)认为附加性虚拟病人和替代型虚拟病人的平均效应量分别为:0.224 和 0.188。Gegenfurtner 等(2014)对调节变量的分析发现，单人比多人效果好。

Shin、Park 和 Kim(2015)通过对调节变量的分析发现，使用基于表现的评估结果效应最大($d=1.14$)，自我评估次之($d=0.59$)，考试成绩最小($d=0.4$)，学业等级为负效应($d=-0.5$)；对学业成就的影响比对满意度的大，而对情感、认知和心理动力的效应分别为 0.83、0.37 和 0.94；随着年级的升高，其效应也越来越高；中等保真的效应最高，其次高保真，低保真，而标准化病人的效应最低。

Kim、Park 和 Shin(2016)通过调节变量分析发现，与 Shin 等(2015)的研究发现基本一致，中等保真度的效应最高，其次是高保真和标准化病人，低保真最低。

3. 基于游戏的学习相关研究结果

Wouters 和 van Nimwegen 等(2013)的研究发现，从对学业成就的影响来看，多次培训的效果要显著高于一次性培训的效果；小组学习的方式优于个体学习的方式；简图类的效果要显著高于卡通类和真实图片类；对低龄段儿童和在校学生的效果要比成人的显著。从对学习动机的效果来看，问题解决型要比练习型的效果好；简图类要比卡通类和真实图片类的效果显著。

Wouters 和 van Oostendorp(2013)通过调节变量分析发现，教学支持对认知技能的影响比游戏中的表现和知识的习得效果好；以选择为目标类型的教学指导方式效果最好；音频类教学指导的效果最好，其次是个性化类教学指导，再就是反馈类、模型类、反思类和协作类教学指导，其他类型教学指导的效果极小；教学指导对生物、数学和一般类问题解决的效果显著；使用教学指导对大学生和小学生的效果显著；简图类和卡通类的效果显著，真实图片的效果极小。

从游戏类型对学习效果影响的角度来分析，有意义的沉浸式游戏要比练习类的效果显著；从游戏中内容呈现的视觉真实感来说，简图类和卡通类的效果比真实类的图片的效果好；多次培训的效果要显著高于一次性培训的效果；更适合低龄段学生学习；对劣构型学习任务的效果更好。

6.2.3 设计与实施策略

综合分析发现，教学系统有效应用于教与学中的策略包含以下方面：

1. 在教与学过程中充分利用来自计算机的反馈。

Azevedo 和 Bernard(1995)，Kelij 等(2015)，Lou 等(2001)分别研究了在计算机学习环境下反馈的使用对学业成就的效应。Azevedo 等(1995)综合了 22 项关于 CBI 中反馈对学业成就影响的研究发现，在有反馈的情况下，CBI 对学业成就会产生大且显著的效应($d=0.8$)，但对延迟测验成绩会产生小但显著的效应($d=0.35$)。同时也发现，学习者接受矫正型反馈和解释型反馈的效果比仅提供正确答案的反馈的效果显著。Lou 等(2001)的研究发现，对于小组任务而言，反馈并不利于小组任务的完成。Kleij 等(2015)综合了 40 项关于 CBI 中反馈对学业成就影响的研究发现：在 CBI 中，(1) 精细化反馈对学业成就会产生小到中等的效应($g=0.49$)；(2) 提供正确答案式反馈对学业成就会产生小的效应($g=0.33$)；(3) 提供答案正确与否式反馈对学业成就会产生较小的效应($g=0.05$)。总的来说，对于个体学习而言，反馈的作用能够被充分发挥，而且反馈的类型越精细，其效果越好；而对于小组学习来说，来自计算机的反馈难以充分利用，反而会增加小组学习的认知负荷，对小组任务的完成起反作用(Lou 等，2001)。

2. 使用计算机开展小组学习时充分使用同伴学习策略。

Susman(1998)和 Lou 等(2001)分别研究了计算机学习环境中小组学习或

协作学习对学习的影响。Susman(1998)综合了23项在CBI环境下比较协作学习和个体学习对学业成就影响的研究发现,在CBI中,协作学习对学业成就会产生小的效应($d=0.251$)。Lou等(2001)的研究发现,使用计算机技术进行学习时,相比较个体学习,小组学习会对个体学业成就产生较小且显著的效应($d=0.16$),对小组任务表现会产生小但显著的效应($d=0.31$)。相比较个体学习而言,小组学习对积极的同伴互动、使用策略、毅力、成功率等过程性结果产生积极的效应,但是对任务完成数量、与计算机的互动、寻求教师帮助的次数以及任务完成时间等过程性结果产生了负效应;对小组工作态度和对同学的态度等情感性结果会产生积极的结果,对对待计算机的态度、对待课程或教学的态度以及对待学业自我概念等情感性结果会产生极小的效应。由此可以看出,在使用计算机进行学习时,相比较个体学习而言,小组学习更有助于学习者之间积极的互动与学习情绪的生成。

3. 适当的培训会提升使用计算机学习的效果。

Susman(1998)的研究发现,经过培训后,CBI对学业成就的平均效应量变大($d=0.413$)。由此可以看出,学生虽然能够熟练使用技术,具备高超的数字素养,但是他们的数字学习能力还不够强,他们不知道如何使用技术支持学习(王佑镁等,2013),这是急需教师们向学生传授的。而对于教师们来说,他们也并不一定具备这种能力,因为他们在大学接受教育时,可能并没有接受类似的课程学习。教师需要接受培训或继续学习,提升数字学习能力,并将此传授给学生。

4. 使用计算机支持多种教学策略的应用,其效果更好。

Belland等(2015)综合比较了七项基于计算机的脚手架策略对认知水平影响的研究发现,基于计算机的脚手架策略对学习STEM课程的学习者认知水平会产生中等且显著的效应($g=0.53$)。Zheng(2016)综合了29项关于CBI中自我调节的脚手架(Self-Regulated Scaffolding)对学业成就影响的研究发现,在CBI中,自我调节的脚手架对学业成就会产生小到中等而且显著的效应($d=0.438$)。另外,Lou等(2001)通过对个体学业成就调节变量的分析发现,使用不同类型的教学程序、学习不同的科目、任务的开放性、分组依据、小组学习策略的使用、小组学习经验、小组大小以及个体学习能力等对个体学业成就的效应呈显著性差异;使用辅导和程序语言类型的教学程序对个体学业成就产生的效应要比探究性或认知工具显著大;学习计算机技能类以及社会科学类课程对个体学业成就产生的效应要比数学科学和语言类课程显著大;封闭型任务对个体学业成就产生的效应要比开放型任务显著大;使用学业水平高低进行分组对个体学习产生的效应比使用性别进行分组显著大；有小组学习经验对个体学业成就产生的效应要比不知道是否有小组学习经验的显著大；配对（两两学习）比 3～5 人小组的学习效果好；对低水平学习者个体学习成就产生的效应要显著高于对中等学业水平学习者。通过对小组任务表现调节变量的分析发现，学习控制权、任务难度、分组依据、小组大小等对小组任务表现的效应呈显著性差异：小组进行高难度任务所产生的效应为 0.13，而中等难度任务和简单的任务为负效应；在分组时，采用混合分组和同性别分组方式时比较有利于小组任务；3～5 人的小组任务表现比配对（两两学习）效果好。也就是说，在使用计算机进行学习时，相比较个体学习而言，小组学习更有助于学习者使用更多的学习策略，需要教师较少的帮助。总的来说，使用计算机支持多种教学策略的应用，其效果更好。这是计算机教学的一大优势。教师可以使用计算机技术支持自己的教学，当学习者在接受学习时，会经历不同的教学策略，进而促进其认知加工，从而提升学业成就和认知能力的发展。

由此几点可以看出，本研究关于计算机有效应用于教学中的策略和方法与 Hattie（2009）基本一致。这主要在于有关于计算机应用教学有效性的研究基本已经不再更新，本研究与 Hattie（2009）所纳入研究的重合度很高，其研究结果和研究结论也就高度一致。

6.3 移动设备支持的教与学

6.3.1 移动设备支持的学习相关研究结果

Sung、Chang 和 Liu（2016）通过对教育背景、设备类型、教学方法、教学时长和学科等调节变量进行分析发现：

（1）使用移动设备学习对幼儿园儿童和小学生的效应量最大（$g=0.636$），对成年人（$g=0.552$）和中学生（$g=0.451$）的效应量中等，对混合人群的效应量很小且未达到显著（$g=0.086$）；

（2）设备类型对使用移动设备学习起到调节效应：对使用手持式设备（$g=0.591$）的效应量中等，而对使用笔记本电脑（$g=0.309$）的效应量小；

（3）教学方法对使用移动设备学习起到调节效应：对探究式学习的效应量最大（$g=0.844$），其次是混合多种学习方式（$g=0.839$），再次就是辅助测验和演讲（$g=0.656$），而对基于游戏的学习（$g=0.407$）和协作学习（$g=0.261$）的效应量很小且并未达到显著；

(4) 教学时长对使用移动设备学习起到调节效应：对干预时长在 1～6 个月的效应量最大($g=0.566$)，其次是 1～4 周($g=0.552$)，再次是小于一周($g=0.479$)，而对超过 6 个月($g=0.287$)的效应量很小且未达到显著；

(5) 学科对使用移动设备学习起到调节效应：对社会科学($g=0.768$)、专业课程($g=0.592$)、科学($g=0.565$)、语言($g=0.473$)和数学($g=0.337$)的效应量达到显著，但对一般类课程(多学科、特殊能力)影响的效应量没有达到显著($g=0.151$)。

而 Sung、Chang 和 Yang(2015)通过对教育背景、设备类型、教学方法、教学时长和语言类型等调节变量的分析发现：

(1) 教育背景对使用移动设备起到调节效应：使用移动设备进行语言学习对成人学习者($g=0.948$)的效应量最大，其次是幼儿园儿童和小学生($g=0.508$)，再次是中学生($g=0.488$)，当研究群体为混合人群时，效应量为负($g=-0.457$)；

(2) 设备类型对使用移动设备起到调节效应：使用手持移动设备的效应($g=0.729$)比笔记本电脑的效应($g=0.151$)大，且使用笔记本电脑的效应并未达到显著提升；

(3) 教学方法对使用移动设备起到调节效应：对测验($g=1.769$)、混合多种教学模式($g=1.127$)和自我导向的学习($g=0.581$)的效应显著，而对演讲($g=1.285$)、探究性学习($g=0.376$)和协作学习($g=0.268$)的效应未达到显著；

(4) 教学时长对使用移动设备起到调节效应：干预时长为 1～6 个月($g=0.772$)和 1～4 周($g=0.622$)的效应显著高于少于 1 周($g=0.231$)和多于 6 个月($g=0.130$)的效应，且使用少于 1 周和多于 6 个月的效应都未达到显著提升；

(5) 第二语言学习的效应量($g=0.837$)显著高于母语学习的效应量($g=0.181$)。

6.3.2　即时反馈系统相关研究结果

Castillo-Manzano 等(2016)对受教育程度和学科分类两个调节变量的分析发现：

(1) 受教育程度对使用 IRS 的有效性产生调节效应：对中小学生学业成就的效应($g=0.480\ 1$)要比对大学生($g=0.215\ 6$)大；

(2) 对于大学生来说，学科对使用 IRS 的有效性产生调节效应：对医学、化学、工程以及计算机等“硬”应用科学($g=0.392\ 1$)和哲学、社会学等“软”理论科学($g=0.352\ 0$)学业成就的效应要比对生物、统计和物理等“硬”理论科学($g=$

0.118)的大,但对法律、经济等“软”应用科学(g=−0.001 8)学业成就的效应量呈负效应。

然而,Hunsu等(2016)对学习结果类型、附加问题、班级规模、学科内容等的调节效应分析发现:

(1) 认知类学习结果对使用IRS的有效性起到了调节效应:对学业成就(g=0.21)会产生小到中等而且显著的效应,对知识迁移(g=0.11)产生较小但却显著的效应,但对知识回忆(g=−0.00)的影响基本为负效应,也就是说,IRS的使用会促进学习者知识的迁移和应用,但对记忆和理解的帮助却不大。

(2) 非认知类学习结果对使用IRS的有效性起到了调节效应:对自我效能感(g=0.864)会产生大而且显著的效应,对教学质量的感知(g=0.243)和出勤率(g=0.212)会产生小到中等但却显著的正效应,对投入度与参与度(g=0.194)会产生小到中等而且显著的正效应,而对兴趣和偏好(g=0.09)的影响未达到显著,也就是说,IRS的使用会提高学习者的自我效能感和出勤率,但是对提高学习兴趣效果并不明显。

(3) 相对于传统教学方法来说,使用IRS对学习者的认知结果产生小但却显著的效应(g=0.13),但当传统教学融入问题策略时,使用IRS对学习者的认知结果效应为0,也就是说,不是IRS本身提升了学习者的认知水平,而是融入问题这种教学策略起了作用;而对于非认知结果而言,IRS本身却能够提升学习者的非认知结果。

(4) 班级规模对使用IRS的有效性起到了调节效应:对认知结果的影响而言,IRS的使用在21～30人规模班级(g=0.58)的效应最大,31～49人规模班级(g=0.23)的效应次之,对超大规模班级(100人以上)产生了非常小但却显著的效应(g=0.1),但是对于5～20人班级规模的效应很小且未达到显著(g=0.1),对中等规模(50～99人之间)的效应量为负(g=−0.03);而对非认知结果的影响而言,IRS的使用对5～20人(g=0.94)和31～49人(g=0.86)班级规模的效应量较大,对50～99人(g=0.46)和21～30人(g=0.33)班级规模会产生小到中的效应,而对100人以上规模的效应非常小(g=0.15)。可以说,IRS的使用对课堂管理有帮助,同时有潜力提升学习者的认知学习结果,但是对学业成就的提升并不见效。

(5) 对认识结果而言,学科内容对使用IRS的有效性起到了调节效应:对社会科学(g=0.48)、工商管理类课程(g=0.36)和医学课程(g=0.26)起到了显著的正效应,对科学与工程(g=0)效应并未达到显著,对艺术人文类课程起到了负效应(g=−0.18),而对非认知结果而言,学科内容并没有起到调节效应。

Chien 等(2016)研究了教学时长、后测是否使用新题目、传统课堂是否采用课堂测验、是否提供反馈以及是否要求学生证明自己的答案等五种研究设计特征对使用 IRS 的有效性的调节效应,研究发现:

(1) 基线控制与否对使用 IRS 的有效性起到了调节效应:对于即时测验来说,对实施基线控制实验($g=0.49$)学业成就的效应要比未实施基线控制($g=0.24$)的大,对于延时测验来说,有类似的趋势,对实施基线控制的实验($g=0.34$)的效应要比未实施基线控制($g=0.13$)的大,不论是即时测验,还是延时测验,其未实施基线控制对学业成就的效应未达到显著。因此,在进一步的分析中,未实施基线控制的研究被排除。

(2) 对于即时测验来说,延长教学时长使得使用 IRS 的效应从 0.37 增长到 0.57,对于延时测验来说,延长教学时长使得使用 IRS 的效应从 0.27 增长到 0.35,但是并未达到显著,且所纳入的研究数量较少,另外,使用新测试题进行即时测验时,延长教学时长的效应大($g=0.75$),由此可以得出,新奇效应并不是影响 IRS 效果的主要原因。

(3) 对于即时测验来说,传统课堂未使用课堂测试($g=0.55$)和使用课堂测试($g=0.49$)都达到了中等而且显著的正向效应,而当使用新测试题时,传统课堂未使用课堂测试($g=0.60$)和使用课堂测试($g=0.56$)都达到了中等而且显著的正向效应,由此可以得出,使用 IRS 提升学业成就并不是由不等量曝光造成的。

(4) 对于新测试题进行即时测验来说,小组讨论($g=1.19$)比没有小组讨论($g=0.34$)的效果好。

6.3.3　设计与实施策略

根据 Sung、Chang 和 Yang(2015)以及 Sung、Chang 和 Liu(2016)的研究结果,教学设计师和教师在设计和实施基于移动设备支持教与学的过程中,需要遵守以下原则:

1. 设计或选择符合学习者学习需求

要设计与目标学习者发展阶段匹配的学习内容和学习活动,在设计或选择移动学习相关学习系统或程序时,要针对不同年龄段和学业水平学习者进行个性化设计,否则可能会产生负面的影响。

2. 为发挥移动学习的便捷性,优先选择手持设备

在保障流畅完成学习任务和学习活动的情况下,优先选择手持移动设备(例

如平板电脑、智能手机等)，以充分发挥移动学习的便捷性。

3. 移动学习更有助于探究性学习活动的开展

在设计实施探究性学习、混合式学习和测验时，可以选择使用移动设备支持教学；然而在设计实施协作学习和基于游戏的学习时，尽量不要考虑使用移动设备支持教与学。

4. 学习活动设计的周期在一个学期之内效果比较好

研究结果均显示，学习活动设计实施周期为一周到六个月效果比较好。当实施周期超过一个学期之后，学习效果明显降低，这可能是由于学习活动的设计不再足以引起学习者持续的学习兴趣造成的。

另外，根据 Castillo-Manzano 等(2016)、Chien 等(2016)和 Hunsu 等(2016)的研究结果，教学设计师和教师在设计和使用 IRS 进行课堂管理时，需要遵守以下原则：

(1) 可以在正常规模课堂或大规模课堂使用的 IRS，不建议在小规模课堂使用；

(2) 从提升对知识的迁移和应用角度，在社会科学、工商管理以及医学类课程等课堂上可以考虑使用 IRS，而科学工程类和艺术人文类课程上不建议考虑使用 IRS；

(3) 可以考虑采用小组讨论和要求学生自我解释的方式。

6.4 远程教育和在线学习

6.4.1 电子学习相关的研究结果

Bernard 等(2004)通过对电子学习调节变量的分析发现：

(1) 对于学业成就来说，异步学习($g=0.0527$)会产生很小但却显著的正效应，同步学习($g=-0.1022$)会产生负效应；

(2) 提供远程课程的出发点对远程教育学业成就的有效性起到调节效应：出于便捷传递或降低成本进行远程学习($g=0.1639$)和出于多种目的采取远程学习($g=0.15557$)的效应为中等且显著的正效应，而出于获得专门知识($g=-0.0821$)的效应为负效应；

(3) 受教育程度对远程教育学业成就的有效性起到调节效应：对军队学习者($g=0.4452$)的效应为大而且显著的正效应，对中小学生($g=0.2016$)的效应为中等而且显著的正效应，对研究生($g=0.0809$)的效应为很小但却显著的正效应，而对本科生($g=-0.0048$)的效应为负效应；

(4) 学科对远程教育学业成就的有效性起到调节效应：对军队或商业($g=0.1777$)和计算机科学与应用($g=0.1706$)的效应为中等而且显著的正效应，对数学科学或工程领域($g=-0.1026$)的效应为负效应；

(5) 对于学习态度来说，异步学习($g=-0.0034$)和同步学习($g=-0.1846$)的效应量都为负，且同步学习的效应达到了显著；

(6) 对于在学率来说，同步学习($g=0.0051$)会产生很小且不显著的效应，异步学习($g=-0.0933$)的效应量为负。

Zhao 等(2005)对发表时间、学习结果、教师卷入程度以及学科等调节变量分析发现：

(1) 发表时间对远程教育学业成就的有效性起到调节效应：1998 年前发表的文章($d=-0.1$)和 1998 年及之后发表的文章($d=0.2$)效应量有显著的差异；

(2) 对学业等级($d=0.14$)、学生态度与信念($d=0.14$)、学习满意度($d=0.14$)、参与度($d=0.78$)会产生显著的正效应，对课程评估($d=0.09$)的效应很小且不显著，而对自我评估($d=-0.07$)和元认知($d=-0.11$)的效应为负效应；

(3) 教师中等卷入程度对学业成就效应最大($d=0.29$)，卷入程度高的次之($d=0.21$)，卷入程度水平低的会对学业成就产生负效应($d=-0.24$)；

(4) 学科对远程教育的有效性起到调节效应：对计算机科学($d=0.48$)、跨学科($d=0.46$)和医学科学($d=0.36$)的效应呈小到中等且显著，对商业($d=0.13$)产生很小但却显著的正效应，对军事类($d=0.1$)、数学($d=0.09$)和技能类课程($d=0.08$)的效应很小且不显著，但对科学($d=-0.03$)和社会科学($d=-0.11$)的效应为负。

然而，Lou 等(2006)通过对同步方式和教学方式等调节变量的分析发现：

(1) 异步学习的效应量($g=0.058$)虽小但显著，但同步学习的效应量($g=-0.023$)为负，这与 Bernard 等(2004)的结论类似，即异步学习比同步学习对学业成就的效应大；

(2) 与同学讨论的效应($g=0.109$)为显著的正效应，而教师主导($g=-0.038$)和自主学习($g=-0.038$)的效应量为负。

Bernard 等(2009)通过对交互方式、交互强度等调节变量的分析发现：

(1) 交互方式对远程教育学业成就的有效性起到调节效应：生生交互($g=0.49$)、生内交互($g=0.46$)的效应显著大于师生交互($g=0.32$)的效应；

(2) 交互强度对远程教育学业成就的有效性起到调节效应：中等强度交互(g=0.55)和高强度交互(g=0.36)的效应显著大于低强度交互(g=0.25)的效应；

(3) 对于生内交互来说，高强度(g=0.6)的效应显著大于中等强度(g=0.33)和低强度(g=0.32)的效应；

(4) 混合方式的效应(g=0.5)大于异步(g=0.39)和同步(g=0.38)的效应，但未达到显著。

Borokhovski 等(2012)的研究发现，设计型交互(g=0.5)比情境型交互(g=0.22)的效应显著大。

6.4.2 在线学习相关的研究结果

Means 等(2013)对教学方式、CMC 的交流对象、干预时长、媒体特征、学习时长、视音频的方式、与教师和同伴面对面的时间、练习的时间以及反馈的方式等调节变量的分析发现：

(1) 教学方式对在线学习的有效性起到了调节效应：教师主导的方式(g=0.386)和协作学习的方式(g=0.249)都达到了显著的正效应，而自主学习(g=0.05)的效应未达到显著；

(2) 其他调节变量均没有起到调节效应。

H. Lin(2014)对学习内容、学习任务、学习者水平等调节变量的分析发现：

(1) 使用 CMC 的方式学习外语 EFL(g=0.61)要比学习第二语言 ESL(g=−0.038)的效果好；

(2) 决策类任务(g=1.943)和交换观点任务(g=0.616)的效应比其他类型的任务显著高，但是决策类任务所纳入的研究仅有一个，不足以说明问题；

(3) 对初级学习水平的(g=0.782)学习者来说影响最大，而且显著高于中级学习水平(g=0.393)和高级学习水平(g=0.403)的学习者；

(4) 对话者为学习伙伴(g=0.495)或母语使用者(g=0.487)的效应显著高于对话者为教师(g=0.031)的方式，且前两者之间没有显著差异。

H. Lin(2015a)对 H. Lin(2014)的研究数据进一步分析发现：

(1) CMC 对不同语言技能的效应呈现显著性差异，语用学的效应最高(g=0.959)，发音(g=0.635)和写作(g=0.614)次之，而对词汇(g=−0.616)的学习呈现负效应；

(2) 发表来源的效应呈现显著性差异，会议论文的效应是最大的(g=1.041)，学位论文的效应是中等，但期刊论文的效应是最小的(g=0.231)；

(3) 一对一进行沟通的效果最好($g=0.696$)，小组沟通的效果次之($g=0.478$)，班级沟通为小的效应($g=0.282$)，大组沟通的效果非常小($g=0.015$)；

(4) 干预时间长短对利用CMC进行第二语言习得的效应呈显著性差异，干预时间越长，CMC对第二语言习得的效应越低，这从某种程度上验证了Clark(1994)的“新奇效应”。

6.4.3　设计与实施策略

根据本研究所纳入的远程教育和在线学习相关元分析的调节变量分析结果发现，教学设计师和教师在设计和实施远程教育在线活动时，需要遵守以下原则：

1. 在教学活动设计时，要充分发挥教师和同伴的作用

Means等(2013)，Lou等(2006)，Zhao等(2005)的研究结果均显示，在有教师参与的情况下，学习效果更好；与同伴的交流也有助于学习效果的提升。因此，恰当发挥同伴或教师的作用，有条件的情况下，教师尽量参与到学习活动中，同时，可以设计和组织与同伴交流讨论的学习活动。

2. 在线学习中异步交流的效果好于同步交流的效果

Bernard等(2004)，Lou等(2006)的研究结果均显示，在线学习中异步交流的效果好于同步交流的效果。这可能是由于同步交流过程中，网络延迟造成学习体验效果不佳，或者同步交流中难以进行有效的信息加工。

6.5　小结与讨论

针对多媒体学习、认知工具和教学系统、远程教育和在线学习，本部分主要从教学设计原则、学习内容和知识点的匹配程度、教学组织策略或学习活动策略，以及教学效果评估等多个方面进行构建。有关于媒体呈现的研究结果再次验证了迈耶的多媒体学习设计原则理论。而对于使用教学系统和认知工具的教师和学生来说，要充分利用计算机的反馈加强对学习内容的理解和掌握；在小组学习时，要充分发挥同伴的作用。不论是对于多媒体内容呈现的研究结果，还是对教学系统和认知工具的研究结果均发现，适当的培训会提升学习效果和学习过程的管理和控制。对于远程教育和在线学习来说，要充分发挥教师和同伴的作用，以异步交流为主，同步交流为辅。

第七章

总结与展望

有关于对技术的使用影响学习的争论和研究从未停止，本研究在回溯"学媒之争"和辨析"证据等级"的基础上，形成技术的使用会影响学习者学习的基本价值判断，并确定了研究方法。本研究的研究问题为：(1) 自视听教学运动以来，教育中技术的发展脉络是怎样的？本研究所纳入元分析所关注的技术起到了什么作用？(2) 技术的使用在多大程度上影响了学习者的学习？不同类型技术的作用大小又怎样？(3) 本研究所纳入的元分析为技术有效应用于教与学提供了哪些证据？本研究以再分析为主，历史研究为辅，分析了来自再分析数据编码、历史图解法收集的信息以及原始研究的发表时间信息。本研究共计纳入元分析111项，共析出总效应量254个。该部分主要总结本研究的成果和结论，分析本研究的创新点，讨论本研究的局限性和不足，提出未来研究的方向。

7.1　研究成果与结论

7.1.1　研究结论与讨论

1. 技术在教育中的发展脉络

本研究将自视听教学运动以来，教育中技术的使用发展脉络界定为：大众媒体时代、大型机时代、微型计算机时代、互联网时代以及移动互联时代五个时代。同时，采用杜威儿童本能发展的理论、Bruce 和 Levin(1997)的研究对本研究所纳入元分析和原始研究所关注的技术所支持学习者本能发展的演变进行了分析。研究结果发现，技术在教育中的应用主要集中支持学习者"沟通"和"探究"本能的发展，缺乏支持学习者"表达"和"建构"本能发展的技术。

2. 技术促进学习的有效性

当前正处于教育信息化发展的关键时期，本研究以111项元分析为研究对象，对各类教育技术的效应以及可能影响教育技术效应的因素的效应进行平均化处理，得出教育技术对学习产生的一般性结果和技术促进学习的有效特征，以及影响教育技术效应大小的因素。本研究结果发现，在所纳入的111项元分析中总计254个总效应量，其中91.73%的效应量都是正向的。可以说，几乎所有的教育技术都会对学习起作用。该结果在近5 500个原始研究、涉及60万师生数据基础上得出，这有力地回答了"技术的使用对学习影响"，从某种程度上，这一结论即可以回应技术悲观主义者的质疑，也可以增强教育技术学科发展的自信。本研究中得出技术促进学习的平均效应量为0.34，这一效应量可以概括为教育技术对学习所产生一般结果，也就是说相比传统的教学方式，使用各类典型教育技术，学业表现会提升13.3个百分点，这与Hattie(2009)研究中计算机辅助教学的平均效应量为0.37的结论基本一致。

在实现Hattie(2009)所制定的"教育革新效果"标准的教育技术形态中，有计算机支持的语言学习效果最好。增强现实、模拟、移动设备、虚拟病人、教学代理等技术的使用已经摆脱物化形态技术，着重发展智能形态技术，技术的使用与学习内容的匹配程度较高。其中计算机支持的语言学习效果最好，其次是增强现实技术，接下来依次是基于模拟的学习、移动设备、虚拟病人和教学代理。由于增强现实技术仅纳入一项元分析，且原始研究仅有7项，所以关于增强现实技术对学习影响的效果还有待未来更进一步的探索。对于未实现"教育革新效果"标准的教育技术形态来说，往往仍未完全摆脱或未摆脱物化形态的技术，缺乏对教学法内容以及技术与学习内容的匹配。需要注意的是，虽然在线学习与远程教育对学业成就的影响很小，但是由于其面向的对象都是难以参加面对面学习或者没有机会获得优质师资资源的学习者，所以，在线学习与远程教育仍然是一种有效的学习方式。

3. 技术对教育影响的"应然之义"和"实然之举"

本研究发现，基于游戏的学习、智能导学系统、电子教材、混合学习、即时反馈系统、一对一教学等教育技术形态还未达到期望的成效，仅有CALL、模拟、移动设备、教学代理、CAI、影片反馈可以被认为达到了期望的成效。技术承载着变革教育的使命，被誉为是教育创新的有效举措。这是技术对教育影响的"应然之义"，然而，通过研究发现，技术对学习效果的影响仅呈现小到中等的正向影响，远没有达到所期望的效果，这是技术对教育影响的"实然之举"。

信息技术有潜力变革教育，但从根本上说，这种作用仍未彻底发挥。这源于在评估技术对教育影响时，不能仅仅考虑技术本身的特征和教学法等因素，还要评估时间和成本等因素。虽然在线学习并没有达到预期的效果，但是从时间和成本的角度来讲，在线学习已经是一种有效的教学创新，它实现了教与学的时空的效果，并使得学习者的学业成就有所提升。一直以来，数字技术，特别是信息技术，被誉为是学校教育创新的"利器"，有助于变革教育。这似乎是技术对教育影响的"应然之义"。事实上，这是技术对教育影响的"实然之举"。

4. 技术有效应用与教学中的最佳策略和原则

教育技术学的本质没有发生变化，仅仅是对物化形态技术和智能形态技术的依赖不同，简而言之，是不同的技术在教育中的应用发生变化。技术有潜力变革教与学，但是现在还并未发生。从对媒体比较研究的调节变量分析以及对增值类研究的研究结果的分析与归纳来说，在以下情况中使用技术的效果比较好：

(1) 当反馈被充分利用时，技术促进学习的效果更好；(2) 当同伴学习被充分利用时，技术促进学习的效果更好；(3) 当有适当的培训时，技术促进学习的效果更好；(4) 当运用多种教学策略时，技术促进学习的效果更好。

需要注意的是，根据 Hattie(2009)的观点，对元分析的分析，不在于确定研究变量之间的因果关系，而是提供一种解释。这种解释是建立在基于证据的研究基础上的一套合理的结论。更为重要的是，虽然对不同形态的教育技术和教学设计策略的效应进行了排序，但是这并不代表可以舍弃产生微乎其微效应的教育技术形态或者策略。

5. 对国内教育技术元分析应用情况的反思

综合 Lipsey 和 Wilson(2000)以及 Abrami 和 Bernard(2006)的观点，元分析的优势在于：能够将同一主题的已有实验效应强度或关联强度以一个共同尺度进行测量，而且研究结果有很强的解释力；同时，作为一种研究方法，既可以梳理已有研究的现状，也可以提供新的研究方向；对研究者来说，能够提升其在专业发展方面的满足感。但在进行元分析时，应该注意以下几点(Borenstein 等，2009)：(1) 关注纳入研究的质量；(2) 报告研究结果的异质性；(3) 关注发表偏倚。元分析已经成为国际教育技术领域学术共同体认可的“最佳证据”。然而，在 CNKI 上利用“元分析”“萃取分析”等关键词对国内核心期刊和 CSSCI 期刊进行检索发现，符合元分析方法的标准的只有 12 篇，而“套用”元分析概念的文章有数十篇。国内教育技术学领域研究主体对元分析的认识存在概念的误解以及对研究方法认识上的不足。这也许可以看出国内教育技术学领域研究主体缺乏对科学研究范式的重视，忽视研究问题与研究方法适切性的表现。这会造成基础理论研究难以转化为教学实践的支持，多数仅停留在概念辨析的层面。

7.1.2 研究成果

1. 技术在教育中发展的分析框架

本研究在总结和归纳时间线的基础上，提出了技术在教育中发展的分析框架：(1) 根据 Kozma(1991)关于媒体界定的方法，本研究认为，在阐述技术时，可以从技术载体、符号系统和处理能力等三个方面来界定或区分某一技术，以防产生概念的混淆；(2) 根据杜威关于儿童本能发展理论以及 Bruce 和 Levin(1997)关于儿童本能发展理论对教育技术分类的介绍，本研究认为，在阐述技术所扮演角色时，可以采用“沟通-探究-表达-建构-评估”的方式；(3) 自视觉教学运动以来，技术在教育中的发展经历了大众媒体、大型机、微型计算机、互联网以及移动互联五个时代。

2. 技术对学习影响的效应量排名

虽然已有研究对技术支持学习者“表达”和“建构”本能发展有效性的关注不够,但是几乎所有的教育技术都在起作用;技术对学习所产生的一般效果为0.34,即相比较在教与学中不使用技术,使用技术的学习者学业成绩会提高13.3个百分点;且不同类型技术的使用对学习影响的大小存在显著性差异。

3. 技术有效应用于教与学的指导方案

从媒体呈现的角度,本研究验证了迈耶多媒体教学设计原则:多通道原则,临近原则和冗余原则;从认知工具和教学系统的角度,本研究证实了计算机支持的反馈、计算机支持的小组学习中同伴学习策略的有效性。

对于使用移动手持设备进行教与学的教师和学生来说,要充分分析学习者的学习需求,明确学习者的学习目标,充分发挥移动学习的便捷性和可获得性,但也要注意学习活动设计周期不要超过一学期。对于远程教育和在线学习的教师和学生来说,要充分发挥教师和同伴的作用,以异步交流为主,同步交流为辅。

7.2 研究的创新点

7.2.1 研究路径和研究方法的选择

本研究的核心创新点在于研究路径和方法的选择。基于证据的研究是发展教育科学研究和科学知识积累的着力点,是推动教育革新的必要途径。本研究以再分析方法为主,以历史研究为辅,两种方法所获取的数据相互论证,使得研究结果的解释更为全面系统。更为重要的是,本研究以回溯“学媒之争”和辨析“证据金字塔”为出发点,将研究命题从“技术是否影响学习”(Whether or Not?)转化为“技术对学习影响的有效性”(What Works?),并进一步转化为“技术有效应用于教学的策略和方法”(What Works Best?)。研究成果为教育技术学研究领域知识生成和知识积累提供有效的证据。

7.2.2 研究证据和研究主题的全面

本研究的证据主要来自“证据金字塔”顶端的“元分析”;而且相比较以往教育技术学领域的再分析,本研究所纳入的研究主题全面覆盖了多媒体学习、认知工具和教学系统、移动设备支持的教与学远程教育和在线学习四个方面。从证据全面性的角度来讲,本研究所得研究结果更能描述技术对学习影响的大小。

7.3 研究的局限性与不足之处

7.3.1 本研究的局限性

经过半个多世纪的快速发展，教育技术学在研究范式与方法、研究成果方面获得了长足的发展，特别是基于设计的研究在教育技术学领域的应用。基于设计的研究方法通过迭代循环的方式，不断改善某一学习技术或教学技术在教学实践中的应用方式，是生成和发展教育技术理论与实践的有效研究方法（Amiel and Reeves，2008；Anderson and Shattuck，2012）。然而，本研究所分析的元分析研究其原始研究一般多为实验研究，仅为教育技术学研究的一部分研究成果，未包含基于设计的研究、个案研究等，这是本研究发展教育技术学理论的局限性之一。另外，新兴技术不断涌入教育领域中，新兴技术在教育中的应用还未形成大量的研究成果，缺乏这些新兴技术的使用对学习影响的元分析研究结果，对于一些新兴技术，例如增强现实技术的使用对学习效果的影响的结论，需要谨慎解释。这是本研究的局限性之二。同时，由于过去研究主要关注对学业成就的影响，缺乏对态度情感和学习过程等的关注，本研究仍无法对技术的使用影响学习者非学业成就以外的学习结果进行分析和论述。这是本研究的局限性之三。

7.3.2 研究存在的不足之处

本研究仅纳入 SSCI 期刊文章，没有纳入学位论文研究和研究报告，也没有纳入面向特殊群体学习者所使用的技术形态。这是本研究在文献检索和筛选上的不足。

由于纳入元分析关于效应量相关信息的报告不够全面，本研究在计算合成效应量时仅采用了算术平均值的方法，没有采用加权平均值的方法。这是本研究在数据分析和合成上的不足。

在调节变量结果分析的部分，由于同一研究主题所关注的调节变量并不总是一致，不同研究之间难以得到交叉验证，也无法采用定量的方法进行分析，因此，本研究关于有效设计原则和教学策略的构建主要采用定性的分析方法对研究结果进行总结和分析。这也是本研究在数据分析和合成上的不足。

7.4 结束语

技术有潜力变革教育，但还未发生，关于技术的使用对学习影响的研究仍要继续。虽然再分析确实是一项"费时、冗长的学术研究过程"（H. Cooper, Hedges, and Valentine, 2009; Hattie, 2009），但它以系统、严谨、清晰、客观和透明的过程与方法，既能定位"我们在哪里"，又能指明"我们将去哪里"。

在研究的过程中，不论是对于研究者本人来说，还是参与本研究的人，我们都被元分析和再分析的潜力所吸引，同时也充分意识到这两种研究方法在我国教育技术学领域甚至教育领域仍处在萌芽阶段，但是就像研究者曾经在一本书上看到的那样，在开展和完成这项研究的过程中，"我们所体验到的视野和紧张度足以获得个人和专业成长方面的满足感"。

作为一名体验过这种紧张度和满足感的研究者，我们会积极推进实证研究在教育技术学领域中的应用，规范学科研究范式。这是对前人研究成果的尊重，是对本学科的尊重，更是对自己所从事事业的尊重。在未来的研究与实践中，我们也会积极探讨如何开展教育技术研究与实践之间的对话，加强基于研究的证据对教育实践的指导，发挥理论对实践的引领作用。

参考文献

注:参考文献前标有星号(*)的表示是本研究所纳入的元分析,标有两个星号(**)的表示是已有的再分析,标有井号(#)的表示是中文核心期刊和 CSSCI 期刊发表的元分析。

* Abraham L B, 2008. Computer-mediated glosses in second language reading comprehension and vocabulary learning: A meta-analysis[J]. Computer Assisted Language Learning, 21(3):199-226.

Abrami P C, Bernard R M, 2006. Research on distance education: In defense of field experiments[J]. Distance Education, 27(1):5-26.

* Adesope O O, Nesbit J C, 2012. Verbal redundancy in multimedia learning environments: A meta-analysis[J]. Journal of Educational Psychology, 104(1):250-263.

Ahn S, Ames A J, Myers N D, 2012. A review of meta-analyses in education: Methodological strengths and weaknesses[J]. Review of Educational Research, 82(4):436-476.

Alessi S M, Trollip S R, 1985. Computer-based instruction: Methods and development (first edition)[M]. London: Prentice Hall.

Alessi S M, Trollip S R, 1991. Computer-based instruction: Methods and development (second edition). London: Prentice Hall.

Allen I E, Seaman J, Garrett R, 2007. Blending in: The extent and promise of blended education in the United States[R/OL]. The Sloan Consortium. https://www. onlinelearningsurvey. com/reports/blending-in. pdf

Allen W H,1971. Instructional media research: Past, present, and future[J]. AV Communication Review, 19(1):5-18.

Alsop G, Tompsett C, 2007. From effect to effectiveness: The missing research questions [J]. Educational Technology & Society, 10(1):28-39.

Altman D G, et al. ,2001. Systematic Reviews in Health Care: Meta-analysis in Context[M]. London: BMJ Books.

American Psychological Association, 2010. Publication manual of the American Psychological Association (sixth edition)[M]. Washington, D. C. : American Psychological Association.

Amiel T, Reeves T C, 2008. Design-based research and educational technology: Rethinking technology and the research agenda[J]. Journal of Educational Technology & Society, 11(4):29-40.

Anderson T, Shattuck J, 2012. Design-based research: A decade of progress in education research? [J]. Educational Researcher, 41(1): 16-25.

Andrews R, Haythornthwaite C, 2007. The SAGE handbook of e-learning research[M]. New York: SAGE.

Anglin G J, 2011. Instructional technology: Past, present, and future (third edition)[M]. Santa Barbara, California: Libraries Unlimited.

* Archer K, et al. , 2014. Examining the effectiveness of technology use in classrooms: A tertiary meta-analysis[J]. Computers & Education, 78:140-149.

* Azevedo R, 1995. Assessing the effects of feedback in computer-assisted learning[J]. British Journal of Educational Technology, 26(1):57-58.

* Azevedo R, Bernard R M, 1995. A meta-analysis of the effects of feedback in computer-based instruction[J]. Journal of Educational Computing Research, 13(2): 111-127.

* Bangert-Drowns R L, 1993. The word processor as an instructional tool: A meta-analysis of word processing in writing instruction[J]. Review of Educational Research, 63(1): 69-93.

* Batdi V, 2015. A meta-analytic study concerning the effect of computer-based teaching on academic success in Turkey[J]. Educational Sciences: Theory & Practice, 15(5): 1271-1286.

Becker L A, Oxman A D, 2008. Overviews of reviews[M]//Higgins J P, Green S. Cochrane Handbook for Systematic Reviews of Interventions. Chichester, England: John Wiley & Sons, Ltd: 607-630.

* Belland B R, et al. , 2015. A pilot meta-analysis of computer-based scaffolding in STEM education[J]. Educational Technology & Society, 18(1): 183-197.

* Bernard R M, et al. , 2009. A meta-analysis of three types of interaction treatments in distance education[J]. Review of Educational Research, 79(3): 1243-1289.

* Bernard R M, et al. , 2004. How does distance education compare with classroom instruction? A meta-analysis of the empirical literature[J]. Review of Educational Research, 74(3): 379-439.

** Bernard R M, Borokhovski E, Tamim R M, 2014. Detecting bias in meta-analyses of distance education research: Big pictures we can rely on[J]. Distance Education, 35(3): 271-293.

** Bernard R M, et al. , 2014. An exploration of bias in meta-analysis: The case of technology integration research in higher education[J]. Journal of Computing in Higher Education, 26(3): 183-209.

* Bernard R M., et al., 2014. A meta-analysis of blended learning and technology use in higher education: From the general to the applied[J]. Journal of Computing in Higher Education, 26(1): 87-122.

* Berney S, Bétrancourt M, 2016. Does animation enhance learning? A meta-analysis[J]. Computers & Education, 101: 150-167.

* Blok H, et al., 2002. Computer-assisted instruction in support of beginning reading instruction: A review[J]. Review of Educational Research, 72(1): 101-130.

Borenstein M, et al., 2009. Introduction to Meta-analysis (first edition)[M]. Chichester: Wiley.

Borich G D, 2010. Effective Teaching Methods: Research-based Practice[M]. London: Pearson Education.

* Borokhovski E, et al., 2016. Technology-supported student interaction in post-secondary education: A meta-analysis of designed versus contextual treatments [J]. Computers & Education, 96(C): 15-28.

* Borokhovski E, et al., 2012. Are contextual and designed student-student interaction treatments equally effective in distance education? [J]. Distance Education, 33(3): 311-329.

* Broadbent J, Poon W L, 2015. Self-regulated learning strategies & academic achievement in online higher education learning environments: A systematic review[J]. The Internet and Higher Education, 27: 1-13.

Bruce B C, Levin J A, 1997. Educational technology: Media for inquiry, communication, construction, and expression[J]. Journal of Educational Computing Research, 17(1): 79-102.

* Brydges R, et al., 2015. Self-regulated learning in simulation-based training: A systematic review and meta-analysis[J]. Medical Education, 49(4): 368-378.

* Camnalbur M, Erdogan Y, 2008. A meta-analysis on the effectiveness of computer-assisted instruction: Turkey sample[J]. Educational Sciences Theory & Practice, 8(2): 497-505.

* Castillo-Manzano J I, et al., 2016. Measuring the effect of ARS on academic performance: A global meta-analysis[J]. Computers & Education, 96: 109-121.

* Chan K K, Leung S W, 2014. Dynamic geometry software improves mathematical achievement: Systematic review and meta-analysis[J]. Journal of Educational Computing Research, 51(3): 311-325.

* Chang M M, Lin M C, 2013. Strategy-oriented web-based English instruction: A meta-analysis[J]. Australasian Journal of Educational Technology, 29(2): 203-216.

* Cheng A, et al., 2014. Debriefing for technology-enhanced simulation: A systematic review

and meta-analysis[J]. Medical Education, 48(7): 657-666.

* Cheung A C K, Slavin R E, 2012. How features of educational technology applications affect student reading outcomes: A meta-analysis[J]. Educational Research Review, 7(3): 198-215.

* Cheung A C K, Slavin R E, 2013. The effectiveness of educational technology applications for enhancing mathematics achievement in K-12 classrooms: A meta-analysis[J]. Educational Research Review, 9: 88-113.

* Chien Y T, Chang Y H, Chang C Y, 2016. Do we click in the right way? A meta-analytic review of clicker-integrated instruction[J]. Educational Research Review, 17: 1-18.

* Chiu Y, Kao C, Reynolds B L, 2012. The relative effectiveness of digital game-based learning types in English as a foreign language setting: A meta-analysis[J]. British Journal of Educational Technology, 43(4): E104-E107.

* Chiu Y H, 2013. Computer-assisted second language vocabulary instruction: A meta-analysis[J]. British Journal of Educational Technology, 44(2): E52-E56.

* Christmann E P, Badgett J L, 2000. The comparative effectiveness of CAI on collegiate academic performance[J]. Journal of Computing in Higher Education, 11(2): 91-103.

* Christmann E P, Badgett J, Lucking R, 1997. Microcomputer-based computer-assisted instruction within differing subject areas: A statistical deduction[J]. Journal of Educational Computing Research, 16(3): 281-296.

* Clark D B, Tanner-Smith E E, Killingsworth S S, 2015. Digital games, design, and learning: A systematic review and meta-analysis[J]. Review of Educational Research, 86(1): 79-122.

Clark R E, 1983. Reconsidering research on learning from media[J]. Review of Educational Research, 53(4): 445-59.

Clark R E, 1985. Evidence for confounding in computer-based instruction studies: Analyzing the meta-analyses[J]. Educational Communication and Technology Journal (ECTJ), 33(4): 249-262.

Clark R E, 1994. Media will never influence learning[J]. Educational Technology Research and Development, 42(2): 21-29.

Clark R E, 2001. Learning from media: Arguments, analysis and evidence (first edition) [M]. Greenwich: Information Age Publishing.

Clark R E, 2012. Learning from media: Arguments, analysis, and evidence (second edition)[M]. Charlotte: Information Age Publishing.

Cobb T, 1997. Cognitive efficiency: Toward a revised theory of media[J]. Educational Technology Research and Development, 45(4): 21-35.

Cohen J, 1988. Statistical Power Analysis for the Behavioral Sciences[M]. New York: Routledge.

*Cohen P A, Ebeling B J, Kulik J A, 1981. A meta-analysis of outcome studies of visual-based instruction[J]. Educational Communication and Technology Journal (ECTJ), 29(1): 26-36.

Committee on Scientific Principles for Education Research, 2002. Scientific Research in Education[M]. Washington, D. C.: National Academies Press.

*Consorti F, et al., 2012. Efficacy of virtual patients in medical education: A meta-analysis of randomized studies[J]. Computers & Education, 59(3): 1001-1008.

*Cook D A, et al., 2008. Internet-based learning in the health professions: A meta-analysis [J]. The Journal of the American Medical Association, 300(10): 1181-1196.

*Cook D A, et al., 2013. Mastery learning for health professionals using technology-enhanced simulation: A systematic review and meta-analysis[J]. Academic Medicine: Journal of the Association of American Medical Colleges, 88(8): 1178-1186.

*Cook D A, et al., 2012. Comparative effectiveness of instructional design features in simulation-based education: Systematic review and meta-analysis[J]. Medical Teacher, 35 (1): e867-e898.

*Cook D A, Levinson A J, Garside S, 2010. Time and learning efficiency in Internet-based learning: A systematic review and meta-analysis[J]. Advances in Health Sciences Education, 15(5): 755-770.

*Cook D A, et al., 2010. Instructional design variations in Internet-based learning for health professions education: A systematic review and meta-analysis[J]. Academic Medicine, 85(5): 909-922.

Cooper H M, 2009. Research Synthesis and Meta-analysis: A Step-by-step Approach (forth edition)[M]. Los Angeles: SAGE Publications, Inc.

Cooper H M, et al., 2009. The Handbook of Research Synthesis and Meta-analysis[M]. New York: Russell Sage Foundation.

Cooper H M, et al., 2008. Reporting standards for research in psychology: Why do we need them? What might they be? [J]. American Psychologist, 63(9): 839-851.

Cuban L, 1986. Teachers and Machines: The Classroom Use of Technology Since 1920[M]. New York: Teachers College Press.

*Demir S, Basol G, 2014. Effectiveness of computer-assisted mathematics education (CAME) over academic achievement: A meta-analysis study[J]. Educational Sciences: Theory and Practice, 14(5): 2026-2035.

Dewey J, 1943. The School and Society & The Child and the Curriculum[M]. Chicago: University of Chicago Press.

Dwyer D C, 1995. Changing the Conversation about Teaching, Learning, and Technology: A

Report on 10 Years of ACOT Research[M]. California: Apple Computer, Inc.

* Ellington A J, 2003. A meta-analysis of the effects of calculators on students' achievement and attitude levels in precollege mathematics classes[J]. Journal for Research in Mathematics Education, 34(5): 433-463.

Fariña P, et al., 2015. Measuring the relation between computer use and reading literacy in the presence of endogeneity[J]. Computers & Education, 80: 176-186.

** Felix U, 2005. What do meta-analyses tell us about CALL effectiveness? [J]. ReCALL, 17(2): 269-288.

* Fletcher-Flinn C M, Gravatt B, 1995. The efficacy of computer assisted instruction (CAI): A meta-analysis[J]. Journal of Educational Computing Research, 12(3): 219-241.

* Fukkink R G, Trienekens N, Kramer L J C, 2011. Video feedback in education and training: Putting learning in the picture[J]. Educational Psychology Review, 23(1): 45-63.

* Gegenfurtner A, Quesada-Pallarès C, Knogler M, 2014. Digital simulation-based training: A meta-analysis[J]. British Journal of Educational Technology, 45(6): 1097-1114.

* Gegenfurtner A, Veermans K, Vauras M, 2013. Effects of computer support, collaboration, and time lag on performance self-efficacy and transfer of training: A longitudinal meta-analysis[J]. Educational Research Review, 8: 75-89.

* Gerard L, et al., 2015. Automated, adaptive guidance for K-12 education[J]. Educational Research Review, 15: 41-58.

* Ginns P, 2005. Meta-analysis of the modality effect[J]. Learning and Instruction, 15(4): 313-331.

* Ginns P, 2006. Integrating information: A meta-analysis of the spatial contiguity and temporal contiguity effects[J]. Learning and Instruction, 16(6): 511-525.

Glass G V, 1976. Primary, secondary, and meta-analysis of research[J]. Educational Researcher, 5(10): 3-8.

* Grgurović M, Chapelle C A, Shelley M C, 2013. A meta-analysis of effectiveness studies on computer technology-supported language learning[J]. ReCALL, 25(02): 165-198.

* Guo Y R, Goh D H L, 2015. Affect in embodied pedagogical agents: Meta-analytic review [J]. Journal of Educational Computing Research, 53(1): 124-149.

Gurevitch J, et al., 2018. Meta-analysis and the science of research synthesis[J]. Nature, 555(7695): 175-182.

Haertel G D, Means B, 2003. Evaluating Educational Technology: Effective Research Designs for Improving Learning[M]. New York: Teachers College Pr.

Hartley S S, 1977. Meta-analysis of the Effects of Individually Paced Instruction in Mathematics[D]. University of Colorado at Boulder, Colorado, United States.

* Hatala R, et al., 2014. Feedback for simulation-based procedural skills training: A meta-a-

nalysis and critical narrative synthesis[J]. Advances in Health Sciences Education, 19 (2): 251-272.

** Hattie J, 2009. Visible Learning: A Synthesis of Over 800 Meta-analyses Relating to Achievement (first edition)[M]. London: Routledge.

** Hattie J, 2012. Visible Learning for Teachers: Maximizing Impact on Learning[M]. London: Routledge.

** Hattie J, 2015. The Applicability of Visible Learning to Higher Education[J]. Scholarship of Teaching and Learning in Psychology, 1(1): 79-91.

Hattie J, Rogers H J, Swaminathan H, 2014. The role of meta-analysis in educational research[M]//Reid A D, Hart E P, Peters M A. A Companion to Research in Education Berlin: Springer Netherlands: 197-207.

Hedges L V, Olkin I, 1985. Statistical Methods for Meta-analysis (first edition)[M]. Orlando: Academic Press.

Higgins J P T, Green S, 2008. Cochrane Handbook for Systematic Reviews of Interventions [M]. Chichester: Wiley.

** Higgins S, Xiao Z, Katsipataki M, 2012. The Impact of Digital Technology on Learning: A Summary for the Education Endowment Foundation[R]. United Kingdom: School of Education, Durham University.

* Höffler T N, Leutner D, 2007. Instructional animation versus static pictures: A meta-analysis[J]. Learning and Instruction, 17(6): 722-738.

* Horton P B, et al. , 1993. An investigation of the effectiveness of concept mapping as an instructional tool[J]. Science Education, 77(1): 95-111.

Huang C, 2018. Social network site use and academic achievement: A meta-analysis[J]. Computers & Education, 119: 76-83

* Hunsu N J, et al. , 2016. A meta-analysis of the effects of audience response systems (clicker-based technologies) on cognition and affect[J]. Computers & Education, 94: 101-119.

Ioannidis J P A, 2016. The mass production of redundant, misleading, and conflicted systematic reviews and meta-analyses[J]. The Milbank Quarterly, 94(3): 485-514.

* Jang D H, Yi P, Shin I S, 2016. Examining the effectiveness of digital textbook use on students' learning outcomes in South Korea: A meta-analysis[J]. The Asia-Pacific Education Researcher, 25(1): 57-68.

Jonas W B, 2001. The evidence house: How to build an inclusive base for complementary medicine[J]. Western Journal of Medicine, 175(2): 79-80.

Karich A C, Burns M K, Maki K E, 2014. Updated meta-analysis of learner control within educational technology[J]. Review of Educational Research, 84(3): 392-410.

Kazrin A, Durac J, Agteros T, 1979. Meta-meta analysis: A new method for evaluating therapy outcome[J]. Behaviour Research and Therapy, 17(4): 397-399.

* Kim J, Park J H, Shin S, 2016. Effectiveness of simulation-based nursing education depending on fidelity: A meta-analysis[J]. BMC Medical Education, 16: 152.

* Kleij F M V, Feskens R C W, Eggen T J H M, 2015. Effects of feedback in a computer-based learning environment on students' learning outcomes: A meta-analysis[J]. Review of Educational Research, 85(4): 475-511.

Kozma R B, 1991. Learning with media[J]. Review of Educational Research, 61(2): 179-211.

Kozma R B, 1994. Will media influence learning? Reframing the debate[J]. Educational Technology Research and Development, 42(2): 7-19.

* Kulik C L C, Kulik J A, 1991. Effectiveness of computer-based instruction: An updated analysis[J]. Computers in Human Behavior, 7(1-2): 75-94.

* Kulik C L C, Schwalb B J, Kulik J A, 1982. Programmed instruction in secondary education: A meta-analysis of evaluation findings[J]. The Journal of Educational Research, 75(3): 133-138.

** Kulik J A, 1994. Meta-analytic studies of findings on computer-based instruction[M]// Baker E L, O'Neil H F. Technology Assessment in Education and Training. Hillsdale, N. J: Routledge: 272.

* Kulik J A, Bangert R L, Williams, G W, 1983. Effects of computer-based teaching on secondary school students[J]. Journal of Educational Psychology, 75(1): 19-26.

* Kulik J A, Fletcher J D, 2015. Effectiveness of intelligent tutoring systems: A meta-analytic review[J]. Review of Educational Research, 86(1): 42-78.

Kulik J A, Kulik C L C, 1989. Meta-analysis in education[J]. International Journal of Educational Research, 13(3): 227-340.

* Kulik J A, Kulik C L C, Bangert-Drowns R L, 1985. Effectiveness of computer-based education in elementary schools[J]. Computers in Human Behavior, 1(1): 59-74.

Kulik J A, Kulik C L C, Cohen P A, 1979. Research on audio-tutorial instruction: A meta-analysis of comparative studies[J]. Research in Higher Education, 11(4): 321-341.

* Kulik J A, Kulik C L C, Cohen P A, 1980. Effectiveness of computer-based college teaching: A meta-analysis of findings[J]. Review of Educational Research, 50(4): 525-544.

Kulik C L C, Kulik J A, Cohen P A, 1980. Instructional technology and college teaching[J]. Teaching of Psychology, 7(4): 199-205.

Kung J, et al. , 2010. From systematic reviews to clinical recommendations for evidence-based health care: Validation of revised assessment of multiple systematic reviews (R-AMSTAR) for grading of clinical relevance[J]. The Open Dentistry Journal, 4(1): 84.

Lee Y H, et al., 2013. Revisit the effect of teaching and learning with technology[J]. Educational Technology & Society, 16(1): 133-146.

Leibovici L, Reeves D, 2005. Systematic reviews and meta-analyses in the Journal of Antimicrobial Chemotherapy[J]. Journal of Antimicrobial Chemotherapy, 56(5): 803-804.

*Li Q, Ma X, 2010. A meta-analysis of the effects of computer technology on school students' mathematics learning[J]. Educational Psychology Review, 22(3): 215-243.

*Liao Y K C, 2007. Effects of computer-assisted instruction on students' achievement in Taiwan: A meta-analysis[J]. Computers & Education, 48(2): 216-233.

*Liao Y K C, Bright G W, 1991. Effects of computer programming on cognitive outcomes: A meta-analysis[J]. Journal of Educational Computing Research, 7(3): 251-268.

*Lin H, 2014. Establishing an empirical link between computer-mediated communication (CMC) and SLA: A meta-analysis of the research[J]. Language Learning & Technology, 18(3): 120-147.

*Lin H, 2015a. A meta-synthesis of empirical research on the effectiveness of computer-mediated communication (CMC) in SLA[J]. Language Learning & Technology, 19(2): 85-117.

*Lin H, 2015b. Computer-mediated communication (CMC) in L2 oral proficiency development: A meta-analysis[J]. ReCALL, 27(03): 261-287.

*Lin W C, Huang H T, Liou H C, 2013. The effects of text-based SCMC on SLA: A meta analysis[J]. Language Learning & Technology, 17(2): 123-142.

Lipsey M, Wilson D, 1993. The efficacy of psychological, educational, and behavioral treatment: Confirmation from meta-analysis[J]. American Psychologist, 48(12): 1181-1209.

Lipsey M W, Wilson D B, 2000. Practical Meta-analysis[M]. Thousand Oaks: SAGE Publications Inc.

Liu D, Kirschner P A, Karpinski A C, 2017. A meta-analysis of the relationship of academic performance and social network site use among adolescents and young adults[J]. Computers in Human Behavior, 77 (Supplement C): 148-157.

*Liu Q, et al., 2016. The effectiveness of blended learning in health professions: Systematic review and meta-analysis[J]. Journal of Medical Internet Research, 18(1): e2.

*Lou Y, Abrami P C, d'Apollonia S, 2001. Small group and individual learning with technology: A meta-analysis[J]. Review of Educational Research, 71(3): 449-521.

*Lou Y, Bernard R M, Abrami P C, 2006. Media and pedagogy in undergraduate distance education: A theory-based meta-analysis of empirical literature[J]. Educational Technology Research and Development, 54(2): 141-176.

*Ma W, 2014. Intelligent tutoring systems and learning outcomes: A meta-analysis[J]. Journal of Educational Psychology, 106(4): 901-918.

Martin J, 2018. Historical and documentary research[M]//Cohen L, Manion L, Morrison K. Research Methods in Education. London: Routledge.

Marzano R J, Haystead M W, 2010. Final Report: A Second Year Evaluation Study of Promethean Active Classroom[R]. Englewood: Marzano Research.

Mayer R E, 2011. Multimedia learning and games[M]//Tobias S, Fletcher J D. Computer Games and Instruction. Greenwich: Information Age Publishing Inc.

* McElhaney K W, et al., 2015. Evidence for effective uses of dynamic visualisations in science curriculum materials[J]. Studies in Science Education, 51(1): 49-85.

* McGaghie W C, et al., 2006. Effect of practice on standardised learning outcomes in simulation-based medical education[J]. Medical Education, 40(8): 792-797.

McGraw K O, Wong S P, 1992. A common language effect size statistic[J]. Psychological Bulletin, 111(2): 361-365.

Means B, 1994. Technology and Education Reform: The Reality Behind the Promise (first edition)[M]. San Francisco: Jossey-Bass.

* Means B, et al., 2013. The effectiveness of online and blended learning: A meta-analysis of the empirical literature[J]. Teachers College Record, 115(3): 030303.

* Merchant Z, et al., 2014. Effectiveness of virtual reality-based instruction on students' learning outcomes in K-12 and higher education: A meta-analysis[J]. Computers & Education, 70: 29-40.

Moher D, et al., 2000. Improving the quality of reports of meta-analyses of randomised controlled trials: The QUOROM statement[J]. British Journal of Surgery, 87(11): 1448-1454.

Moher D, et al., 2009. Preferred reporting items for systematic reviews and meta-analyses: The PRISMA statement[J]. Journal of clinical epidemiology, 62(10): 1006-1012.

* Mol S E, Bus A G, Jong M T, 2009. Interactive book reading in early education: A tool to stimulate print knowledge as well as oral language[J]. Review of Educational Research, 79(2): 979-1007.

* Montero Perez M, Van Den Noortgate W, Desmet P, 2013. Captioned video for L2 listening and vocabulary learning: A meta-analysis[J]. System, 41(3): 720-739.

Moore M G, 1973. Toward a theory of independent learning and teaching[J]. The Journal of Higher Education, 44(9): 661-679.

* Moran J, et al., 2008. Technology and reading performance in the middle-school grades: A meta-analysis with recommendations for policy and practice[J]. Journal of Literacy Research, 40(1): 6-58.

* Morphy P, Graham S, 2012. Word processing programs and weaker writers/readers: A meta-analysis of research findings[J]. Reading and Writing, 25(3): 641-678.

Mullis I V, Martin M O, Sainsbury M, 2016. PIRLS 2016 Reading Framework[R/OL]. Boston College: TIMSS & PIRLS International Study Center. https://timssandpirls. bc. edu/pirls2016/downloads/P16_FW_Chap1. pdf

* Neguț A, et al. , 2016. Task difficulty of virtual reality-based assessment tools compared to classical paper-and-pencil or computerized measures: A meta-analytic approach[J]. Computers in Human Behavior, 54: 414-424.

* Nelson C, et al. , 2012. The effects of audience response systems on learning outcomes in health professions education. A BEME systematic review: BEME Guide No. 21[J]. Medical Teacher, 34(6): e386-e405.

* Nesbit J C, Adesope O O, 2006. Learning with concept and knowledge maps: A meta-analysis[J]. Review of Educational Research, 76(3): 413-448.

* Niemiec R P, Sikorski C, Walberg H J, 1996. Learner-control effects: A review of reviews and a meta-analysis[J]. Journal of Educational Computing Research, 15(2): 157-74.

* Norris J M, Ortega L, 2008. Effectiveness of L2 instruction: A research synthesis and quantitative meta-analysis[J]. Language Learning, 50(3): 417-528.

OECD, 2010. PISA 2009 Results: Learning to Learn (Vol III)[R/OL]. Paris: OECD. http://www. oecd-ilibrary. org/content/book/9789264083 943-en

OECD, 2015. Students, computers and learning: Making the connection[R/OL]. Paris: PISA, OECD Publishing. http://www. oecd. org/publications/students-computers-and-learning-9789264239555-en. htm

Pitler H, et al. , 2012. Using Technology with Classroom Instruction that Works (second edition)[M]. Alexandria: Association for Supervision & Curriculum Development.

Plonsky L, 2012. Replication, meta-analysis, and generalizability[M]//Porte G. Replication Research in Applied Linguistics. New York: Cambridge University Press: 116-132.

** Plonsky L, Ziegler N, 2016. The CALL-SLA interface: Insights from a second-order synthesis [J]. Language Learning & Technology, 20(2): 17-37.

Polanin J R, Maynard B R, Dell N A, 2017. Overviews in education research: A systematic review and analysis[J]. Review of Educational Research, 87(1): 172-203.

President's Council of Advisors on Science and Technology, Panel on Educational Technology, 1997. Report to the President on the Use of Technology to Strengthen K-12 Education in the United States[R]. Washington, D. C. , USA.

Reeves T C, Oh E G, 2017. The goals and methods of educational technology research over a quarter century (1989-2014)[J]. Educational Technology Research and Development, 65(2): 325-339.

Reiser R A, 2001a. A history of instructional design and technology: Part I: A history of instructional media[J]. Educational Technology Research and Development, 49(1):

53-64.

Reiser R A, 2001b. A history of instructional design and technology: Part II: A history of instructional design[J]. Educational Technology Research and Development, 49(2): 57-67.

Richey R C, 2013. Encyclopedia of Terminology for Educational Communications and Technology[M]. Berlin: Springer.

* Richter J, Scheiter K, Eitel A, 2016. Signaling text-picture relations in multimedia learning: A comprehensive meta-analysis[J]. Educational Research Review, 17: 19-36.

Roblyer M D, 2015. Educational technology in context: The big picture[M]//Integrating Educational Technology into Teaching (seventh edition). Columbus: Pearson Education.

Rogers R E, 2016. Bridging the 21st Century Digital Divide[J]. Tech Trends, 60(3): 197-199.

Rosenthal R, 1991. Meta-analytic Procedures for Social Research (revised edition)[M]. Newbury Park: SAGE Publications, Inc.

Ross S M, Morrison G R, Lowther D L, 2010. Educational technology research past and present: Balancing rigor and relevance to impact school learning[J]. Contemporary Educational Technology, 1(1): 17-35.

Russell, T. L. 1999. The No Significant Difference Phenomenon: As Reported in 355 Research Reports, Summaries and Papers[M]. Raleigh: North Carolina State University.

Saettler L P, 1990. The Evolution of American Educational Technology[M]. Charlotte: Information Age Publishing Inc.

* Santos M E C, et al., 2014. Augmented reality learning experiences: Survey of prototype design and evaluation[J]. IEEE Transactions on Learning Technologies, 7(1): 38-56.

* Schmid R F, et al., 2014. The effects of technology use in postsecondary education: A meta-analysis of classroom applications[J]. Computers & Education, 72: 271-291.

* Schmid R F, et al., 2009. Technology's effect on achievement in higher education: A Stage I meta-analysis of classroom applications[J]. Journal of Computing in Higher Education, 21(2): 95-109

Schmidt F L, 1996. Statistical significance testing and cumulative knowledge in psychology: Implications for training of researchers[J]. Psychological Methods, 1(2): 115-129.

** Schneider M, Preckel F, 2017. Variables associated with achievement in higher education: A systematic review of meta-analyses[J]. Psychological Bulletin, 143(6): 565-600.

* Schroeder N L, Adesope O O, Gilbert R B, 2013. How effective are pedagogical agents for learning? A meta-analytic review[J]. Journal of Educational Computing Research, 49(1): 1-39.

Shea B J, et al., 2007. Development of AMSTAR: A measurement tool to assess the methodological quality of systematic reviews[J]. BMC Medical Research Methodology, 7(1): 10.

* Shin S, Park J H, Kim J H, 2015. Effectiveness of patient simulation in nursing education: Meta-analysis[J]. Nurse Education Today, 35(1): 176-182.

Shwalb B J, Shwalb D W, Azuma H, 1986. Educational technology in the Japanese schools: A meta-analysis of findings[J]. Educational Technology Research, 9: 13-30.

Siemens G, Gašević D, Dawson S, 2015. Preparing for the Digital University: A Review of the History and Current State of Distance, Blended, and Online Learning[M]. Edmonton: Athabasca University.

* Sitzmann T, 2011. A meta-analytic examination of the instructional effectiveness of computer-based simulation games[J]. Personnel Psychology, 64(2): 489-528.

* Sitzmann T, et al., 2006. The comparative effectiveness of Web-based and classroom instruction: A meta-analysis[J]. Personnel Psychology, 59(3): 623-664.

Slavin R E, 1986. Best-evidence synthesis: An alternative to meta-analytic and traditional reviews[J]. Educational Researcher, 15(9): 5-11.

Slavin R E, 1990. IBM's writing to read: Is it right for reading? [J]. The Phi Delta Kappan, 72(3): 214-216.

* Slavin R E, Lake C, 2008. Effective programs in elementary mathematics: A best-evidence synthesis[J]. Review of Educational Research, 78(3): 427-515.

* Slavin R E, et al., 2008. Effective reading programs for middle and high schools: A best-evidence synthesis[J]. Reading Research Quarterly, 43(3): 290-312.

Song Y, Kong S C, 2017. Affordances and constraints of BYOD (Bring Your Own Device) for learning and teaching in higher education: Teachers' perspectives[J]. The Internet and Higher Education, 32: 39-46.

* Sosa G W, et al., 2011. Effectiveness of computer-assisted instruction in statistics: A meta-analysis[J]. Review of Educational Research, 81(1): 97-128.

* Spanjers I A E, et al., 2015. The promised land of blended learning: Quizzes as a moderator[J]. Educational Research Review, 15: 59-74.

Spector J M, 2015. The SAGE Encyclopedia of Educational Technology[M]. Los Angeles: SAGE Publications.

Spector J M, Ren Y, 2015. History of educational technology[M]//Spector J M. The SAGE Encyclopedia of Educational Technology. Thousand Oaks, California: SAGE Publications, Inc: 335-345.

Spector J M, et al., 2014. Handbook of Research on Educational Communications and Technology (Fourth)[M]. New York: Springer Science & Business Media.

Spector J, Johnson T, Young P, 2015. An editorial on replication studies and scaling up efforts[J]. Educational Technology Research and Development, 1(63): 1-4.

* Steenbergen-Hu S, Cooper H, 2013. A meta-analysis of the effectiveness of intelligent tutoring systems on K-12 students' mathematical learning[J]. Journal of Educational Psychology, 105(4): 970-987.

* Steenbergen-Hu S, Cooper H, 2014. A meta-analysis of the effectiveness of intelligent tutoring systems on college students' academic learning[J]. Journal of Educational Psychology, 106(2): 331-347.

* Sung Y T, Chang K E, Liu T C, 2016. The effects of integrating mobile devices with teaching and learning on students' learning performance: A meta-analysis and research synthesis[J]. Computers & Education, 94: 252-275.

* Sung Y T, Chang K E, Yang J M, 2015. How effective are mobile devices for language learning? A meta-analysis[J]. Educational Research Review, 16: 68-84.

* Susman E B, 1998. Cooperative learning: A review of factors that increase the effectiveness of cooperative computer-based instruction[J]. Journal of Educational Computing Research, 18(4): 303-322.

* Takacs Z K, Swart E K, Bus A G, 2015. Benefits and pitfalls of multimedia and interactive features in technology-enhanced storybooks: A meta-analysis[J]. Review of Educational Research, 85(4): 698-739.

** Tamim R M, et al., 2011. What forty years of research says about the impact of technology on learning: A second-order meta-analysis and validation study[J]. Review of Educational Research, 81(1): 4-28.

Taylor J C, 2001. Fifth generation distance education[R]. In the 20th ICDE world conference, Düsseldorf, Germany. http://www.c3l.uni-oldenburg.de/cde/media/readings/taylor01.pdf

Taylor R, 1980. The Computer in the School: Tutor, Tool, Tutee[M]. New York: Teachers College Press.

* Thomas T, et al., 2013. The differential effects of interactive versus didactic pedagogy using computer-assisted instruction[J]. Journal of Educational Computing Research, 49(4): 403-436.

* VanLehn K, 2011. The relative effectiveness of human tutoring, intelligent tutoring systems, and other tutoring systems[J]. Educational Psychologist, 46(4): 197-221.

Veletsianos G, 2010. Emerging Technologies in Distance Education[M]. Athabasca: Athabasca University Press.

* Vogel J J, et al., 2006. Computer gaming and interactive simulations for learning: A meta-analysis[J]. Journal of Educational Computing Research, 34(3): 229-243.

* Wecker C, Fischer F, 2014. Where is the evidence? A meta-analysis on the role of argumentation for the acquisition of domain-specific knowledge in computer-supported collaborative learning[J]. Computers & Education, 75: 218-228.

Weng P L, Maeda Y, Bouck E C, 2014. Effectiveness of cognitive skills-based computer-assisted instruction for students with disabilities a synthesis[J]. Remedial and Special Education, 35(3): 167-180.

* Willett J B, Yamashita J J M, Ronaldd D A, 1983. A meta-analysis of instructional systems applied in science teaching[J]. Journal of Research in Science Teaching, 20(5): 405-417.

* Wilson A B, et al., 2016. Meta-analysis and review of learner performance and preference: Virtual versus optical microscopy[J]. Medical Education, 50(4): 428-440.

Wing J M, 2006. Computational thinking[J]. Communications of the ACM, 49(3): 33-35.

Wolf F M, 1986. Meta-analysis: Quantitative Methods for Research Synthesis (first edition)[M]. Beverly Hills: SAGE Publications, Inc.

* Wouters P, et al., 2013. A meta-analysis of the cognitive and motivational effects of serious games[J]. Journal of Educational Psychology, 105(2): 249-265.

* Wouters P, van Oostendorp H, 2013. A meta-analytic review of the role of instructional support in game-based learning[J]. Computers & Education, 60(1): 412-425.

* Wu W H, et al., 2012. Investigating the learning-theory foundations of game-based learning: a meta-analysis[J]. Journal of Computer Assisted Learning, 28(3): 265-279.

Wu Y T, et al., 2013. A review of intervention studies on technology-assisted instruction from 2005—2010[J]. Educational Technology & Society, 16(3): 191-203.

Yesilyurt M, 2010. Meta analysis of the computer assisted studies in science and mathematics: A sample of Turkey[J]. Turkish Online Journal of Educational Technology, 9(1): 123-131.

Yesilyurt M, 2012. The meta-analysis of the studies measuring the effect of the concept map technique on the success[J]. Energy Education Science and Technology Part B-Social and Educational Studies, 4(1): 31-42.

** Young J, 2017. Technology-enhanced mathematics instruction: A second-order meta-analysis of 30 years of research[J]. Educational Research Review, 22(1):19-33.

* Yun J, 2011. The effects of hypertext glosses on L2 vocabulary acquisition: A meta-analysis [J]. Computer Assisted Language Learning, 24(1): 39-58.

* Zhao Y, et al., 2005. What makes the difference? A practical analysis of research on the effectiveness of distance education[J]. Teachers College Record, 107(8): 1836-1884.

Zhao Y, et al., 2015. Never Send a Human to Do a Machine's Job: Correcting the Top 5 EdTech Mistakes[M]. Califomia:Corwin Press.

* Zheng B, et al., 2016. Learning in one-to-one laptop environments[J]. Review of Educational Research, 86(4): 1052-1084.

* Zheng L, 2016. The effectiveness of self-regulated learning scaffolds on academic performance in computer-based learning environments: A meta-analysis[J]. Asia Pacific Education Review, 17(2): 187-202.

* Zucker T A, et al., 2009. The effects of electronic books on pre-kindergarten-to-grade 5 students' literacy and language outcomes: A research synthesis[J]. Journal of Educational Computing Research, 40(1): 47-87.

埃弗雷特·罗杰斯,2016. 创新的扩散[M]. 唐兴通,郑常青,张延臣,译. 北京:电子工业出版社.

爱弥尔·涂尔干,马塞尔·莫斯, 2012. 原始分类[M]. 汲喆,译. 北京:商务印书馆.

蔡苏,等,2016. 增强现实(AR)技术的教育应用综述[J]. 远程教育杂志,34(5):27-40.

陈纯槿,顾小清,2017. 互联网是否扩大了教育结果不平等——基于 PISA 上海数据的实证研究[J]. 北京大学教育评论,15(1):140-153+191-192.

陈纯槿,王红,2013. 混合学习与网上学习对学生学习效果的影响——47 个实验和准实验的元分析[J]. 开放教育研究,19(2):69-78.

陈纯槿,郅庭瑾,2016. 信息技术应用对数字化阅读成绩的影响——基于国际学生评估项目的实证研究[J]. 开放教育研究,22(4):57-70.

陈进,卿平,王聪,2014. 循证教育研究与实践[M]. 北京:学苑出版社.

陈丽,2011. 远程教育[M]. 北京:高等教育出版社.

程薇,等,2015. 新兴技术应用于教学的挑战思考:我们很少正视我们失败的地方——访国际资深教育技术学学者迈克尔·斯佩克特教授[J]. 现代远程教育研究(6):11-20.

丁兴富,2002. 远程教育研究[M]. 北京:首都师范大学出版社.

董奇,2004. 心理与教育研究方法[M]. 北京:北京师范大学出版社.

段春雨,2017. 教育游戏对学生学业成就影响研究——基于 48 项实验与准实验研究的元分析[J]. 开放教育研究,23(4):65-75.

高宝立, 刘贵华,2014. 国视教育研究书系:教育研究年度报告 2012[M]. 北京:教育科学出版社.

宫淑红,2003. 美国教育技术学的历史与范式演变[D]. 广州:华南师范大学.

郭文革,2008. 认知推动的政策变迁——高校现代远程教育试点政策分析[D]. 北京:北京大学.

郭文革,2011. 教育的"技术"发展史[J]. 北京大学教育评论,9(3):137-157.

顾小清,等,2016. 信息技术的作用发生了吗:教育信息化影响力研究[J]. 电化教育研究,37(10):5-13.

黄荣怀,等,2010. 关于技术促进学习的五定律[J]. 开放教育研究,16(1):11-19.

黄荣怀,等,2006. 教育技术学导论[M]. 北京:高等教育出版社.

黄荣怀,2003.计算机支持的协作学习:理论与方法[M].北京:人民教育出版社.

黄向阳,1999.教育研究的元分析[M]//瞿葆奎.元教育学研究.杭州:浙江教育出版社:424-442.

蒋红,2017.数字阅读能取代纸质阅读吗——基于36篇有关信息载体对阅读效果影响研究论文的元分析[J].上海教育科研(9):17-22.

杰里·布罗菲,马兰,2004a.有效教学的基本原理[J].教学月刊(小学版)(7):51-54.

杰里·布罗菲,马兰,2004b.有效教学的基本原理(续)[J].教学月刊(小学版)(8):47-51.

金勇进,1999.统计功效与分析软件[J].统计研究(12):44-46.

雷静,等,2007.1:1数字学习的现状、挑战及发展趋势[J].中国电化教育(11):19-24.

黎加厚,2005.2005AECT教育技术定义:讨论与批判[J].现代远程教育研究(1):11-16.

李芒,等,2017.问"乔布斯之问":以什么衡量教育信息化作用[J].现代远程教育研究(3):3-10.

李文静,等,2016.动画教学代理对多媒体学习的影响:学习者经验与偏好的调节作用[J].心理发展与教育,32(4):453-462.

李玉,等,2018.思维导图对学生学业成就的影响效应——近十年国际思维导图教育应用的元分析[J].中国远程教育(综合版)(1):16-28.

迈耶,2005.多媒体学习[M].牛勇,邱香,译.北京:商务印书馆.

刘美凤,2003.教育技术学的知识构成研究(上)[J].电化教育研究(11):23-28.

刘鸣,2011.系统评价、Meta-分析设计与实施方法[M].北京:人民卫生出版社.

刘玉秀,等,2003.随机对照试验Meta分析的统一报告格式:QUOROM声明[J].中国临床药理学与治疗学,8(5):591-595.

柳学智,1991.元分析技术[J].心理学动态(1):28.

马克·利普西,戴维·威尔逊,2008.实用数据再分析法[M].刘军,吴春莺,译.重庆:重庆大学出版社.

毛良斌,郑全全,2005.元分析的特点、方法及其应用的现状分析[J].应用心理学,11(4):354-359.

孟琦,2006.课堂信息化教学有效性研究——教育技术之实用取向[D].上海:华东师范大学.

莫雷,温忠麟,陈彩琦,2007.心理学研究方法[M].广州:广东高等教育出版社.

Moher D,et al.,2009.系统综述和荟萃分析优先报告的条目:PRISMA声明[J].中西医结合学报,7(09):889-896.

彭绍东,2004.解读教育技术领域的新界定[J].电化教育研究(10):8-17.

乔恩·巴格利,2017.远程开放学习和终身学习研究:历史趋势与发展[J].中国远程教育(综合版)(8):9-11.

施良方,2001.学习论[M].北京:人民教育出版社.

史耀芳,1992.元分析——现代教育统计中的一个新分支[J].教育科学研究,(1):44-45+32.

宋伟,孙众,2013.数字化学习资源有效性的元分析[J].中国电化教育(11):81-85.

#孙众，宋伟，2014. 技术环境下英语学习影响因素研究——对近十年来我国英语学习实证研究的元分析[J]. 中国远程教育(综合版)(2)：41-45.

唐莹，2002. 元教育学[M]. 北京：人民教育出版社.

托马斯·库恩，2004. 科学革命的结构[M]. 金吾伦，胡新和，译. 北京：北京大学出版社.

王辞晓，董倩，吴峰，2018. 移动学习对学习成效影响的元分析[J]. 远程教育杂志，36(2)：67-75.

#王福兴，等，2017. 多媒体学习中教学代理有利于学习吗？——一项元分析研究[J]. 心理科学进展，25(1)：12-28.

#王福兴，谢和平，李卉，2016. 视觉单通道还是视听双通道？——通道效应的元分析[J]. 心理科学进展，24(3)：335-350.

王光明，李健，张京顺，2018. 教育实证研究中的 p 值使用：问题、思考与建议[J]. 教育科学研究(2)：59-65.

#王立君，顾海根，2008. 概念图对学生成绩和态度影响的元分析[J]. 心理科学，31(6)：1510-1512＋15.

王沛，冯丽娟，2005. 元分析方法评介[J]. 西北师大学报(社会科学版)，42(5)：59-63.

#王玉鑫，等，2016. 多媒体学习的图文整合：空间邻近效应的元分析[J]. 心理发展与教育，32(5)：565-578.

王佑镁，等，2013. 从数字素养到数字能力：概念流变、构成要素与整合模型[J]. 远程教育杂志，31(3)：24-29.

#吴静，郭晓霞，2016. 护理实践教学中在线学习效果的元分析[J]. 中国远程教育(综合版)，36(5)：36-40＋70.

吴艳，温忠麟，2011. 与零假设检验有关的统计分析流程[J]. 心理科学，34(1)：230-234.

#谢和平，等，2016. 多媒体学习中线索效应的元分析[J]. 心理学报，48(5)：540-555.

邢最智，1990. "META 分析"——现代教育统计中的一个新分支[J]. 华南师范大学学报(社会科学版)(1)：85-91.

熊俊，陈日新，2011. 系统评价/Meta 分析方法学质量的评价工具 AMSTAR[J]. 中国循证医学杂志，11(9)：1084-1089.

闫志明，2009. 学习与媒体关系大辩论：不同范式下的对话[J]. 电化教育研究(3)：34-38..

严莉，郑旭东，2009. 学媒论争启示录——对"学习与媒体大辩论"的新思考[J]. 开放教育研究，15(5)：52-55.

杨浩，郑旭东，朱莎，2015. 技术扩散视角下信息技术与学校教育融合的若干思考[J]. 中国电化教育(4)：1-6＋19.

李思辉，刘三，2015. "互联网＋"：不要唯技术论、唯概念论[N]. 湖北日报：04-27(013).

尹俊华，庄榕霞，戴正南，2002. 教育技术学导论[M]. 北京：高等教育出版社.

约翰·哈蒂，2015. 可见的学习：对 800 多项关于学业成就的元分析的综合报告[M]. 彭正梅，等，译. 北京：教育科学出版社.

詹泽慧，2014. 远程教育中的智能教学代理：角色、设计要素与应用方式[J]. 现代远程教育研究(4)：76-82.

张浩，祝智庭，2008. 一对一环境下的学习变革[J]. 远程教育杂志(4)：25-28.

张立新，2002. 美国教育技术发展史研究[D]. 保定：河北大学.

赵国庆，陆志坚，2004. "概念图"与"思维导图"辨析[J]. 中国电化教育(8)：42-45.

郑昊敏，温忠麟，吴艳，2011. 心理学常用效应量的选用与分析[J]. 心理科学进展，19(12)：1868-1878.

郑明华，2013. Meta 分析软件应用与实例解析[M]. 北京：人民卫生出版社.

仲晓波，黄希尧，万荣根，2008. 心理学中对假设检验一些批评的分析[J]. 心理科学，31(4)：1010-1013.

仲晓波，2010. 零假设检验和元分析之间的逻辑连贯性[J]. 心理科学(6)：1477-1480.